精神分析說人話

蔡榮裕

精神分析取向心理治療經驗談

◆

詩

◆

小說

◆

隨筆

如果心一直在跌倒
人的哪一隻手
能夠撐起一條路
鋪在暗巷
讓人用腳走路
用心想像
如果有一顆星星
在天上

蔡榮裕

目　錄

推薦序 / 陳喬琪

悄悄融入台灣社會的精神分析

今年的夏天台北非常的熱，七月的時候我在美國加州渡假，接到榮裕醫師來的一封電子郵件，感覺受寵若驚，要我為他的第二本書寫一些序言。

精神分析導向的心理治療（Psychoanalytical oriented psychotherapy）是精神科的次專科，有非常嚴格的訓練過程與認證，而我完全沒有這樣的資歷，怎麼寫序言呢？但是當想到我認識蔡榮裕，這位台灣精神分析實務的創始人之一與推手，想到精神分析對於台灣的醫學、文學與藝術創作，乃至於文化的影響與重要性，讓我覺得應該為他第二本即將出版的著作寫幾句話。

心理治療是處理精神或心理問題很重要的一種技術。心理治療有許多理論與許多方法，其起源就是精神醫學教授西格蒙·佛洛伊德（Sigmund Freud）在十九世紀末葉所創立的精神分析導向的心理治療。這種心理治療最先使用於歇斯底里的個案，受到許多誤解，甚至在1980年代還有主流媒體報導，精神分析導向的心理治療乃是專門為年輕、富裕的白種女性提供的心理治療。事實上，精神分析的

心理治療是一種需要每星期三到五次，每次一小時，持續兩到三年的長期心理治療技術。由於對心理衝突形成的理論有許多不同的看法，西格蒙・佛洛伊德教授的師兄弟與弟子後來紛紛出走，自立門戶。經過第一次與第二次世界大戰的洗禮到現在，在已開發國家裡，心理治療的技術與理論百家爭鳴，提供促進精神與心理健康的服務。其中，做為源頭、理論最複雜且深奧、治療所需時間最長、治療者本身也必需接受兩年以上分析的精神分析導向的心理治療，迄今仍屹立不搖。最重要的是，這一百六十年來，佛洛伊德學派所創立的心理學語言與所觀察的心理學現象，透過文學創作、戲劇、藝術與教育，早已悄悄的融入西方文化，成為提升文明的一種無形影響力。

日本在明治維新後就致力於西化，而最早引進西格蒙・佛洛伊德教授的精神分析導向的心理治療的人，乃是東北帝國大學的助教授古澤平作先生。他於1932年在維也納完成精神分析的訓練回到日本，1934年在東京開設精神分析診所，翻譯與出版書籍，推動讀書會與研究會。第二次世界大戰後，精神分析的活動蓬勃發展，1955年就已成立日本精神分析學會。

台灣的情形如何呢？教過我們的每一位精神科教授，在第二次世界大戰結束後的1950到1960年中葉左右，都曾經到美國進修。在那個年代裡，美國精神醫學的主流就是精神分析的理論，所以他們都親炙以精神分析為基礎的動力精神醫學的課堂課程與臨床課程，但是沒有人接受過個

人的精神分析。西格蒙·佛洛伊德教授以降，所認定的精神分析師，都必需接受過至少兩年被分析的療程，目前這已經是國際精神分析學會（International Psychoanalytical Association ,IPA）、美國精神分析學會（American Psychoanalytic Association，APsaA）、美國精神分析與動力精神醫學院（American Academy of Psychoanalysis and Dynamic Psychiatry)等專業機構認定，成為精神分析師的必要條件之一。

榮裕在1998至2000年留學英國倫敦Tavistock Clinic兩年，在那裏他以受訓學員的身分，持續兩年，接受每星期五次的精神分析療程，成為台灣第一位接受精神分析的精神科專科醫師。與日本的古澤平作先生一樣，榮裕回國之後，以台北市立療養院為基地，積極推動精神分析在台灣的發展。為什麼接受精神分析相關的訓練之後，這些人會產生動機與熱情，堅持在母國推動精神分析，實在是很有興趣與必要探討的議題。

榮裕畢業於高雄醫學院，醫學生的時代對於文學的創作就非常有興趣。畢業後，來到葉英堃教授創立，台灣的精神科專科醫師訓練最優秀的醫院之一，以前稱為台北市立療養院，2003年SARS後台北市立醫院被整併，改稱為松德院區的地方。1991年6月他在這裡完成了四年的專科醫師訓練，升任主治醫師後，到復健病房督導慢性精神病人的診治工作。有一天，他來跟我說，他想要成立與帶領心理治療的讀書會，我說：「真是太好了」。

　　其實，台北市立療養院能夠吸引年輕的住院醫師，主要是這個醫院收治了各式各樣的精神疾病患者，可以充實精神病理、精神藥理學以及其他必須的精神醫學學識與臨床經驗，也可以學習幾種基本的心理治療的技術。然而，對於學生時代就憧憬的精神分析，則是很遙遠的夢想。榮裕聰穎過人且成熟，頭腦裝滿各種創造性的早年回憶，所以從初任主治醫師開始成立的心理治療讀書會，整合資訊與去蕪存菁後，一腳踏進精神分析的旅途是可以瞭解的決定。

　　榮裕醫師給人的印象是：寫的比說的好看多了。他來自南台灣的鄉下，講的台灣國語與跳躍性的思考，不太容易跟得上，但是從「採菊東籬下」、「思想起」與「台灣精神醫學通訊」的系列文章，可以看到一位文采斐然，具有文學家特質的精神科專科醫師。

　　在榮裕的帶領下，經過十幾年的耕耘，臺灣精神分析學會已經站穩腳步，在台灣精神醫學與心理學的領域擁有一席之地；最重要的是，此學會已經被國際精神分析學會(IPA)認證，成爲國際精神分析學會的成員之一，是可以訓練精神分析師的機構。臺灣精神分析學會每次舉辦心理治療的課程都吸引很多人參加，主要是他們可以說明複雜的精神分析理論，從而納入成爲諮商或心理治療技術的一部分。從榮裕的第一本書「都是潛意識搞的鬼」，就可以看到這些案例的精髓。坊間有關心理治療與理論的書很多，但是多以翻譯爲主，能夠融會貫通，以本土元素爲核心者，

並不多見。榮裕出版的著作，提供精神分析的多元內容，包括對話、心理治療技術的應用與文學創作，專業人員、學生、或一般的讀者，都可以獲得學習。

這本書的內容可以看到心裡最底層的吶喊，喃喃自語，或是愛恨情仇的糾葛，反映的是，越來越多出現在診間，受到性侵害、家庭暴力等心理衝擊的個案。我們應當瞭解，心理創傷的烙印或是弒父戀母情結(Oedipus complex)，並不是西方文化特有的產物。精神分析早已悄悄的融入台灣社會。

（作者：陳喬琪 。馬偕紀念醫院精神醫學部資深主治醫師。台北醫學大學精神科部定教授。前台灣精神醫學會理事長。）

推薦序 / 林俐伶

框不住的自由與反骨在尋找家

　　在蔡榮裕醫師向我邀稿的前一個週末，我和一群十五歲以前就認識的國中同學去花蓮玩，他們之間有些人的歷史淵源比我更久，可能小學就認識了，像書中的賓仔和宏展（賓仔眼中的宏仔，其他人眼中的展仔）一樣。我當時是個越區就讀的轉學生，和他們的歷史，生生地從國一才開始，那一年，正巧是我開始渴望在心裡能有「有個家的感覺」的年頭，不知怎地，那渴求的想望在時間的流裡，在無數故事的編織下，竟也偷偷地趨近完整。近來，人們總是問起：「妳在國外生活了十六個秋冬，怎麼會回來？」有七成以上的機率，還會加上一句：「台灣情況不好喔！」我左邊答父母，右邊談孩子，心裡有一塊清晰卻說不清楚的是想回家又想流浪的感覺。在花蓮，回台北的前一夜，我們在一個面海的山坳裡搭建棚子的海鮮碳烤店晚餐，碳烤店有一位阿伯是桌間的幫手，閒聊間，他問我們是否知道「老鷹」的台語怎麼說？我們老少十八人面面相覷，只等著哪個人高喊一聲喝酒，吞嚥下我們的羞愧與無知，但竟是沒人喊，一夥人靜靜地等著答案。老闆是一對原住民

夫妻，主廚老闆俊俏得像朱少麟筆下的海安，靦腆地如村
上春樹描寫的天吾，我在想：「他們會台語嗎？他們知道
『老鷹』怎麼說嗎？這個梗，有多常會在這棚下被挑起
呢？」阿伯帶著一點得意的深邃揭曉：「臘葉」。我默默
地記住了那語音，卻是在讀了本書的小說後才得知此名的
詩意。如果賓仔的生命如鷹又如葉，展仔的又何嘗不是？
但我總隱隱覺得「宏仔」有另一個不一樣的位置，賓仔與
展仔在某種層面上映照出彼此生命中另一人永不可及的面
向，但宏仔不一樣，宏仔是在關係中的那個人，每一次我
讀見宏仔，我就覺得這兩個男孩的距離好近好近，那種心
揪起來的親近，呼應著書中提到的Hooke女士引進互動性
(mutuality)到分析的態度(analytic attitude)中，我也聯想到亞
頓(Thomas Ogden)說的存在兩個個體之間的分析的空間
(analytic space)，他特別強調不是個案內在的心理空間
(psychological space)。

在精神分析中，分析師要守住一個彷彿(as if)的位置以
提供空間來映照被分析者要呈現出來的生命經驗、心理經
驗。在這空間裡，被分析者對分析師的假設與想像都是有
意義的。若不是有那彷彿(as if)的位置，就難以有充足的
「假設」與「想像」的空間以供「這一對分析人」去了解
被分析者。這是在一般的親友關係中鮮少也不應該存在的
現象，因為想被了解是人的天性，即使是世界上最不了解
自己的人也會渴望被了解，兩個人之間要有互相了解的動
力過程是一般關係中，基本的公平性與對等性，既使我們

也會遇見「我不說你也該懂我」或「我不需要了解你但你應該要了解我」的霸道。

這個彷彿(as if)的位置在天性上比較接近陽性特質：男性球友們可以一起打球打了十來年，了解朋友的球技、習慣、個性，但不知道一些太具體的個人或家庭訊息，也可能不曾「談心」。然而，隨著時間與經驗的變遷，或者說陰性特質慢慢地滲透進精神分析的場域，我們開始問：「難道你不說，被分析者就不知道？就不會被影響？」「當代發現了有那麼多的人格疾患，那如銅牆鐵壁的防衛，自成一格，我分析師在此中立的、彷彿的存在方式好像在對方的想像中恰是可形成某種共謀和關係經驗的重複，這時該怎麼辦呢？或接下去該怎麼辦呢？」「如果我們自己是那麼地 as if，那當我們遇見 as if personality 的個案時會怎麼樣呢？」

在一次同儕督導裡，我的一位很優秀的分析師朋友提到一個個案，此人進治療室的目的說得很清楚，她就是要談她是一個多麼棒的人，她是無懈可擊的母親，性感又溫柔的妻子，負責又有愛心的教師，人人都愛她！我的朋友一方面反應他有聽見她的「十全十美」，一方面做著諸多個案為何需要這麼做的詮釋，然而他在心中卻同時翻著無數白眼，偷偷希望個案「享受」夠了自動離開。在此中清楚的是個案在此（假設是）真誠的狀態下，漠視了聽者可能會有的真誠反應及感受。說到此，「關係學派」從在意著分析者的真誠度開始思索，在此說的絕對不是「開誠佈

公」的做法，而是分析者在自己誠懇面對自己內在對被分析者的反應時，可以對此反應進行思考，再進而設想要如何去回應對方，這時候「互動性」(mutuality)的態度就出現了。佛洛伊德曾說躲在戰壕裡的士兵是無法真正作戰的，兩個個體之間更高指數的真誠互動使得分析者一方面要安定自己原有的「我」，另一方面要「放下我」以進入個案的潛意識早已預設好的關係中，若要類比的話，在佛學裡有「止觀雙運」的概念，蔡醫師也談了「有不礙空，空不礙有」的意象，這樣的氛圍總是讓人與人之間及文化與文化之間多了更多的自由以及可能性。

　　寫序文，是一件簡化了經驗的事，在此我只能呈現一些些閱讀經驗的片段。舉個看起來最微不足道的例子吧！我在盛夏爽爽地讀到：「那一天，陽光也是被天神派來世間吧，以它的光亮與炙熱，要來處罰那些光天化日之下的人們。」接著：「陽光底下的是日子，但陰影底下才是人生。」我躲在這個「人生」裡，想到五十歲想著十五歲的事，北台灣想著南台灣的事，在冬天想著夏天的事，有許多事，是有了距離才能想啊！讀這本書，像是親近了蔡榮裕醫師，也給自身的經驗開了門。讀著精神分析者如他，勾起了我想敘事及論述的衝動，丟出來的東西因而有機會得到思索與想像。如果你讀了這一篇序，有感受到一部分的自我被照見了、被呼喚了，就像是爬山時，看見了某個小水潭，走過去瞧個究竟，結果看見了水潭裡的風景，也

見著了自己。那麼，蔡醫師給您備了個大湖呢！

（作者：林俐伶 。國際精神分析學會會員。臺灣精神分析學會會員暨執
　　行委員會委員。秋隱精神分析工作室負責人。）

推薦序 / 許欣偉

治療者的畫外音

　　說起對蔡榮裕醫師的印象，心中不由自主地浮現beyond這個英文單字，或可中譯為「超越」、「在遠方」，但實際上怎麼譯都不若英文傳神。當我們習於畫定某個場域例如「精神科醫師」、「精神分析」或「文學」來品頭論足時，蔡醫師總是有某部分越過既定的藩籬，落在範圍之外好遠的彼端，留下幾絲懸疑，等著好奇的人去發現。他的作品集讓精神分析取向心理治療經驗談、詩、小說、散文共存於一冊，我絲毫不會感到驚訝。

　　在我的北市療（即現今之聯合醫院松德院區）住院醫師年代，蔡醫師幾乎是我所有同輩及前後期醫師的個別心理治療督導，這意味著他每週耗費非常大量時間在這些一對一的教學裡。一大群年輕醫師共享這位壯碩、省話的督導，每週在不同時間，忐忑進入同一個充滿書籍的房間。我們有時候會忍不住在督導時段談些困擾自己的事，將私密的抱怨、矛盾或憂傷洩漏給他，於是他作為督導醫師又間接跨界，好像兼具心理治療師的功能。我常想像透過大量的聆聽，聽進醫院裡的各種大小事，蔡醫師腦中的市療

圖像一定和我們想得不同，會更完整也更繁複。蔡醫師替我們這一屆住院醫師取個浪漫名字叫「水月班」，他出一些奇怪的題目要我們作答、交作業，他也推薦好長一串書單，內容包羅萬象，不限於精神分析，包括「孤獨」、「鐵約翰」、「隨心所欲」、「推開記憶囚門」、「錯把太太當帽子的人」等，如今仍陳列在我的書櫃裡。當時院內有多位主治醫師合力創作，持續發行同仁刊物「採菊東籬下」，內容以各類心理治療的論述與隨想為主，但蔡醫師又要beyond一下，他突發奇想要發行B4大小正反兩面的「自由聯想日報表」，內容是一張張大小不一影印自報章書籍的短文 ，就像小時候學生被要求製作的剪報冊，排版完成、大量影印後放入各醫師的信箱中，也放進醫師辦公室的廁所裡，用意是要隨時刺激大家思考。不知道當年蔡醫師是不是看出我不務正業的特質，他找我當編輯。這樣的刊物內容和發行模式，充滿了戰鬥、即興的氣息，像極了醫學院時代學生運動的地下刊物，但它的壽命也和校園地下刊物一樣短暫。

二十幾年前的象山山腳下，就在蔡醫師的創造力所衍生的活潑氣氛裡，我總算有吸取一點思想的養分，試著摸索什麼是心理治療。當年，聽蔡醫師演講，經常聽不懂他到底在表達甚麼，後來，時光堆疊，慢慢地好像有多聽懂一部分，這或許是因為他的表達方式變得較平易近人，也或許是因為我已有所轉變。這些年蔡醫師不斷堅持beyond的結果，就是臺灣也有了精神分析學會，而松德院區則多

出一棟黃綠紅特色建築——思想起心理治療中心，成為眾
多住院醫師與諮商心理碩博士生初次接觸精神分析取向心
理治療的訓練重鎮。

不知是否因為蔡醫師聽了太多病患和住院醫師的「心
路歷程」（見《都是潛意識搞的鬼》），他決定在書中回
報讀者，以治療者不能說的秘密作為禮物。他關於精神分
析取向心理治療的書寫，其實是沉默治療者的內心話，以
電影術語來說，就是畫外音(off-screen)。病患說一句話，
治療者即使雙唇緊閉，思路卻已百轉千折、綿密無邊，這
很像比昂(Wilfred Bion)描繪母親用隨想(reverie)來回應嬰
孩的痛苦，我相信如果治療者的想像可以灌注成一個綠洲
般的空間（見〈關於分析的態度〉：回應Maria Teresa Hooke
女仕的論文），並以某種形式傳達給病患，病患就有機會
從心智的沙漠中存活。小說「我朋友許文賓的十五歲」勾
勒出戒嚴時期的南部鄉村，扭曲的教育體系下國中生的男
性情誼，蔡醫師筆下的舊庄籠罩著遊子離家後的鄉愁，其
情感就和吳念真描寫九份或賈樟柯鏡頭下的汾陽一樣厚
實，而寫實的氣味和對土地、歷史的強烈關懷讓我想起台
灣新電影「兒子的大玩偶」，閱畢心中真是又苦又酸又
甜。在隨筆「夢幻倫敦」中，蔡醫師緩慢地陪著讀者漫步
於他的第二故鄉——倫敦的各角落，多希望他能標出詳細
位址，但他顯然要讀者自己去邊走邊找。

這幾年蔡醫師慷慨地把他的作品發表在臉書和部落
格，然而我認為傳統書本才是這些文字最安穩的家。對我

來說，這些文字始終帶有一種咒語般的召喚性質，正如詩人蔡榮裕的呢喃（台北的主義）：

這個城市沒有背棄我們／我們剛刷牙／收拾沒有嘴巴的聲音／準備外出流浪了／有人來敲門／對我們說／各就各位／還有長路要走

　　如今召喚變得清晰起來。長路迢迢，接下來就看讀者要如何回應他的召喚了。

（作者：許欣偉。台北市立聯合醫院松德院區一般精神科主治醫師。臺灣精神分析學會監事。松德院區思想起心理治療中心資深心理治療督導。）

精神分析取向心理治療經驗談

第一章

再論心理真實和歷史事實如何相互影響？

　　首先要說的是從個案的口述史裡，是不是真有所謂歷史這件事呢？或者要問的是如果是歷史，那是什麼歷史？誰的歷史？

　　我們如何解釋，例如，何以個案在描述最重要的親人父母時，對於那些好似有早年創傷經驗的人，他們對於父母的說詞總是有那麼大的變化？每修正一次說詞都表示個案在欺騙我們嗎？新說的訊息就一定比較正確嗎？我們又是以什麼樣的評準，來決定那一個訊息是比較正確？

　　或者臨床更常見的，治療者覺得某項訊息對個案可能很重要，但是個案卻拒絕，雖然那項訊息是如此明顯，只要不閉起眼睛就一定看得見。實情卻不必然是如治療者所願，何況如以前曾提及的，如果我們提出了某項說法，卻和我們預期的個案反應差距很大，那就表示我們是不了解個案啊。

　　我們如何確定我們是了解個案呢？

　　我相信在歷史學裡也有不少類似討論，從精神分析心理治療實務的角度來看，如果我們完全相信個案所告訴我們的話語內容，我們如何驗證和確定那些是真的歷史事實呢？我所指的歷史事實這個詞，是如以前所說的假設有一

種事情，是當年曾經發生過的真實樣子，雖然在經驗上，有時就算是有錄影帶了，在解釋和說明時也是因人而有不小的差異。但是在這裡我還是先假設，如果有一個事實存在而且曾經發生在以前。

但是做為心理治療者，我們做為診療室裡的人，有辦法知道個案所說這些事的真實性嗎？我們的工作有可能需要利用診療室外的時間，再去做任何查證嗎？如果要做這種查證，這是什麼工作呢？還是心理治療的一部分嗎？

這就涉及了心理治療，它是以什麼做為診療室裡工作的材料呢？如果要我做簡單的結論，我會說幾乎不可能有辦法真的確定，個案所陳述歷史事件的真實性。但是這麼說是否意味著，個案在說謊嗎？我們只說無法確定，既無法確定就是無法確定，不是是否說謊的課題。

因此在這個基礎上工作，也許有人會質疑，既然連個案口述的內容都無法確定，那我們到底在做什麼治療呢？我們所談論的心理治療是可能的事嗎？

這必須提出另一個概念來談論了，首先，佛洛伊德在陳述夢的理論時，提及了個案形成夢的過程裡，可能出現的防衛機制和變型，以及當事者醒來後，想到要告訴治療者時，當事者也會在那瞬間不自覺地做了些修正。但是這樣子是否夢的解析就沒有意義了嗎？

這種現象對於精神分析取向的工作，是項很大的挑戰，因為如果連前一晚或者幾天前的夢，都有可能是變型的樣貌出現，我們是在什麼樣的基礎上工作呢？難道就是

在這種根本無法確定的事件上工作,我們到底是在做什麼呢?在一個虛假或不確定的材料上工作,能夠推演出什麼真實的心理嗎?

回頭看當我們覺得無意義時,是針對夢的實質內容是否是事實的問題,但這就像談及歷史事實的課題所遭遇類似的困難,如果我們從另一個心理真實角度來看,也許就有新的想法來處理這個課題。也就是說,當我們的焦點不再是歷史事實,而是在心理的真實時,我們就有機會從個案所陳述的話語和態度裡,慢慢找出這些被扭曲或失憶的材料可能是什麼?

也就是必須先假設,所謂心理真實是一種假設,亦如當年佛洛伊德在假設潛意識存在的基礎,我們也假設有心理真實的存在。雖然它存在何處和實質內容是什麼,很難像說個名詞,如桌子那般就知道它是什麼。但是我們假設它會透過行為和故事內容扭曲的地方,如有傷痕的地方來推論曾有外力的介入,呈現出我們要探索的心理真實的領域。

有這些扭曲的地方和不自覺的行動,我們才有機會了解心理真實可能是什麼?就像有人做了一件事後,無論如何掩藏,總有一些蛛絲馬跡做線索。任何的修正或扭曲都是蛛絲馬跡,都是我們探索的重要材料。在這個假設下,夢的解析才有意義,對於個案的故事才有不同角度去聆聽和理解。

但我必須重複強調,所謂心理真實是個假設,精神分

析假設它存在，我們因此重複觀察並藉著假設它有存在，只是透過各種隱微或隱藏的方式存在，需要我們去解析它，才有機會去推論它到底是什麼？雖然這種推論有時不受歡迎，卻是精神分析的重要工作模式。

做為治療者，當然不是馬上依推論就直接告知個案，這對於初學者或一般人來說，是很難馬上體會的現象，因為總會假設個案既然談了一些內容了，他們可以消化這些材料了，為什麼不直接讓個案知道這些假設呢？但是在診療室裡，治療師還需要另外消化及想像當時的移情和反移情，做為臨床判斷是否要說？何時說？怎麼說？才會讓個案後續思想。

治療者並不是逕行說出他們的假設，因為如果未依移情和反移情的觀察，過早地指出個案故事背後的潛在意義，有可能反而容易變成另一種暴力，因此造成個案的反彈或覺得被傷害了。這是臨床治療上很困難學習的部分，因為我們必須知道，指出個案任何內在世界的狀況，都帶有攻擊和暴力的本質。

對一些早年受創傷的個案來說，雖然這種現象幾乎是常見的情形，但是如果我們不做這些思索及假設，就冒然假設既然個案來找我們了，既然個案來了，就表示他們已經準備好，要面對當年的創傷經驗了。

這假設通常需要稍打折扣，因為面對當年的經驗，從來不是一件容易的事。這對於心理治療來說是很切身的經

驗，使得心理治療就在這種複雜裡來來回回，而不是一般
所期待的一帆風順……

第二章

何以個案常是不滿意心理治療？

當然啊，任何人總是喜歡自己的所作所為，是被別人所滿意的，不然可能就覺得自己所做的沒價值或價值不夠。但是這種說法真的有那麼普遍性嗎？而且它的內在意義是什麼呢？將會如何影響診療室裡的互動呢？

何以我們做為治療者的價值，不是在於其它地方，而是在於個案的滿足？一種技術要存在這個社會，得要消費者滿意才能存在，因此前述的現象是緊箍咒，緊緊地綁住治療者們，做為治療者能脫困嗎？或者根本不可能脫困，只能在個案意見與自己覺得有價值之間取得平衡？

如果精神分析或精神分析取向心理治療的存在，在面對人們的困境時，我們如何想像，人在困境下，除了需面對當前的受苦，又得承受這些受苦的各種複雜原因。這些原因就算有生命早年的因素，隨著時間也會添加或蓋上了更多後來的種種，雖然這些後來的內容可能也是早年因素的結果。

乍看起來，可能是另一個新的原因，而不是當年的結果，因此當我們面對個案這些複雜情緒時，如果我們採取的是讓個案滿足而能夠往前走，那心理治療是什麼樣子？

或者另一端點，我們毫不考慮個案是否會滿意，我們

盡我們專業上能做的，但是所謂專業上能做的是什麼，是不必考慮個案是否滿意嗎？

要再問的是，個案在什麼時候感到滿意？開始時，或者中途某時候，或者是在最後？但是在最初的不滿意，還能維持動力走到最後嗎？或者個案是因為滿意才繼續心理治療？或者另有其它因素影響個案，才讓個案持續走下去呢？

這裡涉及了一個很大的未知數，人到底是在快樂滿足下，繼續在人生裡走下去？或者是在不滿足成為一種刺激動力下，更能走下去呢？誰能決定這些呢？這都得回到一個很神秘的問題，人是在不滿意的情形繼續走下去，或是滿意下才能走下去？或者是在滿意和不滿意的不同比例下呢，但又是什麼比例呢，有這種答案嗎？

不過，我們也許先回到一些臨床現象，再繼續思索這個命題。

例如，你來治療時談了不少你是如何在書本上，或從別人那裡學到的技能，這些技能是如何讓你可以很快地原諒別人，讓自己不再耿耿於懷，能夠很快釋懷，能夠因此不再失眠，或者就算中途被惡夢打醒了，仍可以很快再睡著。

還有你也提及了，有朋友告訴你只要你可以想得開，那就天下太平了。那些說法和知識，你都覺得很受用，讓你受益不少，讓你在生活上已經不再那麼悲慘了。然而你說這些話時，你的愁容仍佈滿整個臉上，你的語調裡仍有

不少缺憾存在著。

尤其是對於母親，何況她已經過世了，也包括對於另一半的心意，但是當你提到這些話時，突然出現了一個困惑，你覺得不知道來心理治療能獲得什麼？

這些種種現象好像在描述，你如何以自己的方式來療癒自己，你讓我知道你是多麼地想要改變自己，但你間接流露了，對於我未能多給你什麼的遺憾，你說你的收穫來自朋友。對我未能如你描述的，如同其它朋友給你一些知識讓你有收穫，而有所不滿，但是這些不滿好像被遮蓋住了，連你自己也不清楚，對心理治療和我是否有不滿的感覺？

不過由你的所有描述裡，呈現的倒像是你將周遭畫出一個彩色世界，卻愈說愈顯得有一個空洞，白色在中間。你愈說我愈是這種感覺，我其實也曾試著給你一些想法或建議，但都是沈到海水裡的感覺，我感覺你是吃不飽的，就算從外界你已經獲得很多了。

說真的，這些現象並不是容易被查覺的感受，我的困難是既然假設你的問題被複雜因素蓋住了，難以一下子就清晰，那麼我能做什麼呢？將我現在所說的這些話都告訴你，這會有用嗎？或者只是把我自己的不安丟給你呢？或者好像變成了硬逼著你，要在目前的困境上，再加添上我把困惑一起丟給你呢？

雖然我的假設是，我的困惑是來自於我和你一起工作時才產生的，並不是純粹我個人的困惑。不過為了先增加

對這現象有更多想法，我先退到後設心理學想一想，例如，如果你的所有努力就像是在裝備自我（ego），讓你的能力發揮到工作上而能夠成功，這的確顯示了你的自我是具有足夠的能耐，來協調和妥協而得到成功。

但是你的不滿足卻是同樣強烈，甚至這種不滿足感影響生活的很多層面，並沒有因為事業和一些問題處理的成功而滿意，這是自體（self）的課題。也就是說，滿足和裝備了自我的種種能力，不必然可以讓自體不再那麼匱乏感。至於自體的成長，理論上需要有個客體（object）能夠接納個案，然後在這種被客體對象接納與被了解裡，個案得以漸讓自體滋長，因而不再那麼匱乏感，那麼空洞感就會減少，這是工作上的假設。

在這些想法上我重新思索，我沒有理由被你的不滿意所打敗，然後我就一直只想給你什麼答案做為最好的建議，而是我得回到移情的脈絡裡，逐漸地分析詮釋你的移情，讓你得以從對我的移情裡，更多了解自己的心智世界，並逐漸在你和我的工作上有更堅實的信任。

然後你得以自己在這種移情和反移情裡，成長自己的自體，因那不是我一直給你建議和意義，畢竟對於空洞的自體，而帶來外顯的低自尊，就算是有九十九分，那不夠的一分仍是一個超大空洞，足以讓九十九分完全沈沒在缺少一分的空洞裡。

但是面對人生，怎麼可能生活上一直是一百分呢？偏偏無法只是認知上接受這種不可能一百分的概念，而是需

要慢慢地在與我的治療關係裡，處理移情，認識移情，透過這些認識了解自己，然後你得以依自己的方式，發展出自己的成長方式和詮釋自己的過去。

第三章

一顆復活節的蛋使治療復活？

會談後我才驚覺奇怪，怎麼今天好像什麼事都沒有做的感覺？當然不是沒有說出什麼話，但是這種感覺卻讓我覺得怪怪的，你明明仍有不少問題正在生活上與工作上發生著，你也說了你看過精神科醫師，醫師將你的藥物的量增加了，這些跡象都顯示著你來這裡時是有困境的。

但怎麼你說完後，離開診療室，卻好像什麼事都沒有發生，好像雲淡風輕，這未免太奇怪了吧。你到底花了多少力氣，不自覺或自覺地把會帶來情緒困擾的內容，都去蕪存菁了，然後讓你在診療室裡是此次的模樣？

因為就內容來說，也許像是在抱怨我根本沒有幫上你的忙。但是在話語裡沒有這種直接抱怨的話，連表面的情緒也沒有呈現，我只是從你談話內容來想，如果你仍有這麼多問題，怎麼可能不會抱怨眼前的人？你是來求助於我，期待我可以幫上你的忙，因為你沒被幫上忙，你才會有那些生活和工作上的問題啊。

不過，的確我這些想法和我眼前所看的情況是不太搭配的，我雖然想著是否直接挑起這種矛盾的現象？但是這種矛盾感是我自己的感受，如果我覺得你是花了很多力氣，才讓自己變成這種模樣出現在我眼前，我如果預想要

借用一句話就直切入這種現象，是否太過於冒失？好像我完全無視於你的需要？

因為就算我用術語在心中對自己說，何以你需要這樣防衛自己，是否有什麼事情太難開口對我說？或者你自己很害怕自己的耳朵，會聽到一些你也會很驚訝的話呢？因為就算那些話在你腦海裡打轉太久了，如果說出來變成聲音，再讓你自己聽到，這可能是很不同的效應吧。

我先繞在這些想法裡，好像正在做些評估，正在決定著是否再多聽一些？但是只是聽你說話，你會滿意嗎？你今天的期待是什麼呢？這些疑問讓我覺得對你的了解竟是如此有限，連要做這個很基本的判斷，都顯得有些證據不足的感覺，雖然你來這裡至少兩年以上了。

回想起來，你上週請假未出席治療，今天你剛坐下來就送給我兩顆復活節的彩蛋。你表示是特別留下來給我的，要我一定要吃這兩顆蛋。我當然不可能馬上吃，你也沒有這麼說，但我卻是難以拒絕。就這樣子，我覺得好像是在吃了復活節的蛋後，再與你進行治療。

對於前一週的請假，你也主動說是因為太累了，工作上也有些事還沒有做，只覺得太累了做不來。這是臨床上多麼常見的說法，在其他個案也是常見的抱怨，但是你在這裡並沒有把它變成抱怨，更像是在展現你的堅強。所以你上週必須請假而無法來這裡，從你說出的理由和所流露出來的態度，如果要懷疑你的理由，我一定站不住腳。

在這種氣氛下好像我不能有其它想法，關於你上週請

假是否另有其它值得思索的內容？因為緊接著你開始描述工作上同事之間的互動，你仍覺得其他人都忽略了你的努力，就算是你如何努力做都沒有用，同事根本就沒有把你看在眼裡。說到這些後，你馬上說「也沒關係啦，反正同事也沒有那麼惡意。」你說你已經能夠試著原諒同事對你的忽略了，但是我卻懷疑你真的能進步這麼快嗎？

這些原本也是你來求助的緣由之一，現在竟然是這麼雲淡風輕就被你帶過了，另外例如你提及醫師有加藥的事就被我忽略了，你繼續說甚至連你的加薪案都會被忘掉，我想著是否你覺得不能生我的氣，尤其對於我竟然不知道，你上次請假有可能是你當時正生我的氣。

因為我的放鬆可能意味著，我沒有努力地幫你忙，不然我應該會覺得吃力與疲累感。顯然我不是那樣子，上次會談後，我卻是覺得治療很順利，很輕鬆，讓我想到你的請假是否只是為了不想對我生氣，就像你對同事那樣地生氣？你的生氣常讓同事覺得，你怎麼老是為了小事而生氣？但你覺得你一直在壓抑自己，直到某些不是直接相關的事情才爆發生氣。

這時候你的生氣理由是如此充份，也讓我無法再想出其它可能性，但是我的任務就是在你的說詞之外，另找出其它的可能性啊。不然，出路在那裡呢？如果只在你的充分說詞裡，那只要根據你的做法去做就好了，我能夠幫上什麼忙呢？如果如此，應該是說我根本幫不上什麼忙。

我還是試著多想一些，以免陷於只是跟著你的想法，

畢竟，如果我過於認同你的想法，我們兩人都會因此陷於困境裡，找不出新的可能性。當我想著，是否你的請假除了覺得我忽略你，或者是你在生我的氣，但你不願在我眼前呈現你生氣的模樣，你是希望我可以輕鬆地對待你現在正這麼想？

這想法讓我很驚訝，好像你是如此地照顧我，讓我沒有察覺你生氣與不滿意，也就是因此我卻忽略了你。我知道這些都只是我的推論，但是總覺得難以在你身上找到跡象，讓我有表達想法的空間。我就這樣再度陷在這種掙扎裡，覺得我應該說些話了，不該只是聽你的說詞，就算你的說詞是生活上的證詞，我也真的必須在其中找出一些路，或至少一扇窗戶，可以讓我能夠看見可能是怎麼回事？可以做些什麼？可以先說些什麼？就算不是所謂一下子就直抵什麼核心之地。

你送我復活節的蛋，是否可以想像可能意味著你在提醒我，也要跟你一樣一起復活起來？你可能覺得你的請假已經把治療結構損壞掉了，也把我弄壞了，而我必須要復活起來，才能幫上你的忙。或者你期待我是另一種幫助你的人，不是我之前對待你的模樣，因此期待我復活與新生，對你來說意味著我先前的那些想像和沈默，對你那只是我根本不存在的感受，或者我根本就是死掉了。

你是期待我趕緊活起來，積極起來，但是整個過程裡，由於你的克制與壓抑，讓我沒有覺察你真正的困境，因此我只沈浸在是否要吃這顆蛋的想法裡，而忽略了探索

你送蛋的可能意涵？或者討論我剛剛想到的這些想法，藉
著討論讓你對行為的意涵能夠有多重的假設，而不會只沈
浸在單一想法和單一感受裡。一直處在困境的我想著在下
一次治療時，我得注意我很放鬆這件事，可能也是個問
題。

第四章

你說嘛，世事會多麼難料呢？

你在某次缺席之前三次的治療裡，就開始提及你對於前男友的一些矛盾感受。前男友與另一位女人離開了，你已經好幾個月不曾再提及前男友了，你說雖然他剛離開你時，你相當憤怒不滿，但幾個禮拜後，前男友的訊息就不曾再出現於你的話題裡。當你再提及前男友時，你並未提及是否兩人再度在一起了，你說得好像只是你又想起他，因為故事的時間軸上，你好像是在談以前的某些事。

因為你的話題好像是提及以前的事，而不是新發生的事件，這樣的談話方式不禁讓我想著，是否你沒有提及前男友時，其實你們是在一起的，但是當你提到他時，卻是你們不在一起的時候？我也想著是否就直接問你，這樣不就好了？但是我再細想這樣的溝通方式裡，我想要了解的不是你來回答我的問題，滿足我，讓我不再處於這種不確定感裡。

因為我如果不確定你所說的話，就算是你給了我一個答案，我憑什麼馬上要相信你所給的答案呢？就算是你會給與一些具體的例子，來說明好像那是一種事證，但這是我想要了解的嗎？我有了這個答案後的了解是什麼？我只能先給自己一些耐心，因為我先提醒自己的是，這樣的溝

通方式裡有你潛在重要的一些線索，可以做為了解你的其它重要管道。

我最好還是先耐心地等待，看看是否有其它的訊息，能夠讓我有不同的了解，然後這種了解再化成語言傳遞給你時，對於你要了解你自己才會真的有所幫忙，而不是只在一些表面的現象上，做出一般人想像的某些心理學說法，畢竟看出其它可能性，而不是只重複別人所談的，這才是我的工作。

後來你就突然在接下來的治療時段請假，那是當天請假。在下一次來時，你顯得很自然地說，你和男友又在一起了。你並沒有提及何時開始再度聚合在一起，但你仍覺得你們現在還不是男女朋友，而是某個朋友，但是從你的說法裡，你其實很篤定你們會繼續在一起，甚至你說你就要回自己的家鄉了，與他一起回去。

這個信息裡傳遞了一些不確定的事情，關於是不是叫做男友？但又要跟你一起回到你的故鄉，也許兩者原本就不具有必然的因果關係，是兩種可以同時存在的平行關係，但是如果這麼平行地接受這些信息，何以你在說明時又顯得很不安，好像這裡頭有什麼困局？當然也可以想像，它們之間可能沒有任何關連，而是另有其它事在影響著？

雖然我很納悶何以你沒有跟我討論這些事，我也想到你跟在家鄉的母親的關係仍是百般矛盾，何以你竟然如此勇敢地回家鄉？那是你曾提過讓你心情很複雜的地方，因

為畢竟你在兩年多的心理治療裡，你幾乎都是流露你不可能和在家鄉的母親朝夕相處。但是你做了決定，我卻覺得你的決定毫無事先的徵兆，難道你和我之間的了解是如此遙遠，或者果真只是世事難料，隨時會有新變化？

你只是這種世間人情冷暖的自然回應？不過就算是這樣子，對我來說，還是抱持著科學的態度，維持著對客體對象的好奇，只是我的好奇如前所說的，在目前狀況下我不是將跟你的互動，只化約成最簡便的一問一答的方式，而是再回到你的談話脈絡裡來觀察和推想。

你也許感覺到我的疑惑，你主動說明你覺得心理治療至目前為主，已經讓你有信心可以回去與母親相處。我雖然仍然納悶你可能做得到嗎？但是我似乎不能潑你冷水，何況照你的說詞你已經決定了，這讓我有種衝動必須告訴你，你即將碰到的問題我已經可以預測，你回去後所帶來的困難將可能使你再度崩潰，如果這樣子就讓以前的治療前功盡棄了？

想想也奇怪，其實我根本還不了解你是怎麼回事，何以你會在請假的這段時間做了這麼大的決定？這個決定超過了我的預期，但是何以我仍覺得我了解你，而且可以預測你的未來呢？這當然是種矛盾的現象，雖然我常重複提及的現象出現了「超過預期」的事件，那就表示我其實不了解你。

而且不是不夠了解，而是不了解，因為不了解就是不了解，所謂夠不夠，那只是替自己的不了解的「不」，尋

找一些程度差別，好像讓自己可以接受不是不了解你。畢竟兩年來的心理治療，這種不了解你，對我來說也未免太難堪了吧。

在診療室裡，我內心裡的確有很強大動力，想要指出你未來的困境，當我真的提醒你與母親之間相處的困難，你很快地回應說，你真的有信心可以和母親好好相處了。你說若真的無法做到，你也可以忍受了，不致於像以前那樣老是與母親為細故而爭吵不休。你覺得你比較可以諒解母親當年的困難了，你似乎很輕易地就把我的疑問一下子就推翻了，讓我不知如何說下去。

我想著，雖然我是從你以前的經驗，來推論未來的可能狀況。只是必須要再細想的是，何以你在請假的那次期間裡，做了這麼重大的決定，卻把我完全拋棄在外呢？這讓我想到伊底帕斯情結，覺得被排斥的第三者，你以前與母親一直很難好好相處，我以前覺得那隱含著這個三角情結。雖然我不曾向你提過這種說法，因我預測你在目前仍難以接受這種論述。

或者這不是我是否能預測，你是否接受的問題，而是這種精神分析術語如果在診療室裡被治療師提出來，我覺得是在避開此刻某些不解的問題，而想用精神分析術語來解決這種困擾。這次你做了決定卻把我拋棄在外，你不要我涉及你和男友的關係，好像我會是干擾者，這讓我想起先前的感受，我其實處在絕望和挫折裡，但我卻忘記了這些感覺。

　　我換另一個角度來想前述問題。除了你的心智的病理而出現的重複外，是否我的絕望和挫折早就無意中呈現出來，你可能也感受到了，因此你爲了不讓我有那些感覺，你只好將我排除在外？回想起來，在你那次請假前的三次會談，其實你已經在準備前男友的回來，你再提及好像也是在說服我，要我不必訝異你的決定？但是我完全沒有回應，可能即反映了我再度陷於挫折裡，不知是否因此你只好在請假期間，更進一步決定自己未來的走向。問題不在於我要指導你，這不是我的意圖，而是你未提出成爲話題前的事先行動裡，所隱含對於我的移情因素需要再被思索和了解。

第五章

藥物治療和心理治療同等重要？

眞好，這麼高階的專業醫學雜誌（JAMA）裡，一篇論文談及成人精神疾病的精神藥物學和心理治療有效性的系統化分析(2014.04.30)，說出一個結論，（某些）精神疾病的藥物治療和心理治療同等重要，因此命題不再是哪一個比較好，而是如何合作達成最佳的效用。

精神藥物學和心理治療的關係，這只是依現有的資料所做出的暫時結論，科學就是這樣子，會隨著資料的後續呈現需要做出不同的調整。至於閱讀這類型文章，仍可能會因爲原本的立場和傾向，而有不同的解讀方式。

所謂個人傾向或立場，則不必然是那麼科學，或者說應是科學的一部分，只是被忽略了，不同治療者的喜好傾向也是治療的現實，無法說任何人有自己的傾向是對或錯。例如，有人傾向強調社會心理的處理，有喜好生物學取向的處理。

這些都同時存在，雖然在不同時代有不同的強勢者，目前生物學取向的確是強勢者，社會心理取向的強調是於較弱處的位置。但是每位治療者各有專長，時間體力有限，如果眞要全部傾向都有專精不是那麼容易，也因爲不容易全部都專精，因此就有不同人之間的差異傾向而帶來

了問題，雖然不同不等於困難，但是常常很難避免。

因為每個人的了解有限，因此有了侷限，就在這些相互了解的侷限之下，容易變成了隔閡，這種隔閡又容易造成不必要的壁壘分明。或者容易造成更進一步的衝突，這是現實裡的部分現況，也因為有了這些現實的基礎，讓那篇系統分析研究精神藥物學和心理治療效用的文章，想要說明的科學現況就可能有不同的解讀。

雖然前述的基礎是個人的喜好，所謂個人喜好是主觀的心理決定，只因為主觀的心理感受較容易被當做是不科學或不客觀，因此較容易讓喜歡科學者不去注意它，雖然如我所描述的，這是很重要的現實狀況，我們就是在這些基礎上做我們的日常工作。

其實這篇文章所說出的，只是精神科醫師在臨床上的常識。但是在科學模式的發展，這種明白文字的呈現仍是重要的過程，但是在科學發展過程裡，典範的改變，讓這個課題需要再被如此探討，因此對我來說，如果只接受這個文獻的結論，而未能思索其它前述的思考角度，就容易在下次有不同的報告後又馬上做相反的調整。

我不是說我們不能依證據而做必要的調整，因為科學即是隨著證據而做調整的過程，只是我借用那篇論文來強調，這類文獻的解讀所可能隱含的其它因素。

畢竟會比較或競爭，或爭得你死我活，是人性因素，還是科學的渴望呢？每個人仍可以保有自己最心愛的模式，但我覺得有趣的是，精神醫學的主要著重內容輪轉了

二三十年，最後仍得回到當年精神科醫師戲稱的「三民主義」：生物、心理、社會因素的同時著重。

　　每個人所最愛的治療和處置模式，是人性的結果或是科學的結果呢？

　　我提出一個後設心理學的假設，關於人性的假設，我想起了佛洛伊德的一個說法，對於知識的渴望和好奇，這種經驗可能源於小時候對於自己身體，尤其是生殖器官的好奇。這種經驗讓知識和愉悅緊密地聯在一起，產生了一種很私密的關係。

　　也就是說，最重要的知識就是這麼私密，所以以前某些老師父的不同手藝會藏私，因此個案談自己的問題其實也是私密知識的一種？最重要的個人問題可能永遠就是如此私密。這些說法只是假設，說得有些超現實，如果二十年後這個高階的醫學科學雜誌，對佛洛伊德以降的精神分析的說法有所肯定，應也是有趣的事，不過這不是強求，也不必強求，只要慢慢等就好了。

　　等待和如何慢慢等待，就是最私密的人性知識了。為了某種不知名的愉悅，而這種不知名且等待被命名，就是知識的好奇所在，值得去發現並找出語言來命名。

　　以精神分析為基礎的心理治療來說，是否要為這種訊息而高興或者遺憾呢？我個人的立場（主觀的立場）是認為，還是得回到精神分析的場域來思考這些研究的意義。這類型的研究以後仍會隨著現有研究為基礎，做出可能相同或者完全相異的結論。因為這類型文獻的價值是在於，

以現有研究為基礎而做出的統計，這當然有其價值，但是它的價值也需要被檢視。

因為如前所述這是以現有的資料為基礎的統計，我重複強調「以現有的資料為基礎」，就是要讓讀者知道如果以後有新的資料會有所改變。但是從精神分析的角度來說，是否要建立自己的想法，那就需要對於這類型的研究和方法，表達自己的想法，以及要如何呈現自己，讓社會大眾了解精神分析的立場和目的，以及這些目的和統計學的統計之間可能出現的落差？這些落差要如何解讀呢？雖然就現時的科學概念來說，會讓一般人以為這些數字才是重點，沒有數字就什麼都不是，也不屬於科學，但是科學是這樣子嗎？

這些問題仍需要很多說明和探究，不是一翻兩瞪眼的是或不是兩種答案。就像精神分析在科學和藝術之間什麼位置呢？在本章最後我提出我的好奇，這些爭議的後續現象，是更有趣的人類心理學課題，雖然也可能有人認為不是科學的議題。但是我認為這個課題所呈現的人性反應，也是重要的科學議題，但必須思索前述提過的，什麼是科學在精神科藥物和心理治療裡？

第六章

什麼，生命的某個階段被卡住了？

你重複提到「一切都被卡住了」，好像生命的困頓都是因為生命的某個階段被卡住了。

雖然什麼叫做生命被卡住？是令我困惑的字眼，聽起來很具體的字眼，到底這是什麼意思呢？你如此肯定的態度和口氣，好像你要告訴我，你早就有了自己的定義了，然後你在自己定義的語詞裡讓自己被卡住？這種卡住也導致困頓的感受，然後你就有了目前的問題？

我相信這些描述不是很容易了解，不過卻是你來求助的緣由，這些語詞的使用理應有你個人獨特的用法，也可能包含了當代社會裡的一般用法。

例如，你提及在大學時期和家人發生了衝突，家人只要你好好專心讀書，不要多交朋友，你從心底覺得不同意但你都配合了。後來卻愈來愈覺得不可行，有股心聲催促你一定要多認識一些人，當你後來開始這麼做，你卻覺得一切都太晚了，你說這也是你在家中的感覺。

你覺得父母給你的不是讓你更有天空可以想像，你覺得父母只是要你依照他們的意思去做，後來你發現照他們的做法根本不可行，你也覺得要有自己的想法和做法，但你覺得太晚了，「一切都被卡住了」，你覺得沒有出路了。

我很好奇這種一切被卡住了，這是什麼意思？是在什麼情況下和什麼心理世界裡，會浮現所謂「一切」這個感受？我可以感受到你是很真切地覺得，當你的生活變成那樣子時，這種一切都太晚了的感覺就跑出來了。

不過，我還是好奇我的不解，到底是什麼情況下會浮現這種「一切」的說詞？這種一切的說詞真正意味著什麼呢？實質上它是包括了什麼，才會讓人覺得一切以及一切都太晚了？

你說很恐慌覺得被卡住的情況，讓你的未來註定是平淡的。你不喜歡這樣子，你想要有一條不同的方向和可能性，但要著手實踐時，你發現周遭的人都是站在你的對立面，你也就再次被卡住了。這種說法是有人在對立面時就會有卡住的感覺？

你每次說出被卡住了，難道都是一樣的嗎？我假設是有所不同，雖然使用相同字眼，也呈現相同感覺被困住了，如果細看和想像，我覺得你是在不同的感覺底下，只是我還無法找到不同語言來表達這些不同。

你用相同字眼來說明，如果我也認定是相同的意義，那就是你沒有改變，但果真如此嗎？是否也有改變了，至少對我的想像有些微改變了吧，因為一起合作的時間漸漸久了後，而有慢慢的變化吧。

如果使用純粹卡住的說法，好像這麼說時就意味著，自有解決的方法在這個名詞裡，這個方法就是「讓自己不要被卡住」，所以就動詞來說就是如此簡明了，但是這種

一看就有解決之道的說詞，何以讓你覺得如此困難呢？好像只要做出反面的舉動就可以了嗎？

我再進一步想，你是有提及一個主詞，那就是指「生命」被卡住了，所以真正的難題是這個主詞「生命」，或者已變成是受詞了，因為生命被卡住了意味著，有什麼東西卡住了生命，在後者的說法生命是受詞，被某個主詞的東西卡住了。

說法上是生命被卡住了，不是有東西卡住了生命，是否意味著仍得把生命這個說詞擺在主詞的位置，就算它落難了，不能將生命這詞放在受詞的位置，這又意味著什麼呢？這些只是語詞之辯嗎？或者另有其它的深意呢？這些名詞的主受詞的運用，展演出了內在心理世界的什麼景象，或深度心理學的某種態度呢？

我使用以下的比喻，做為了解這件事的這些想法，雖然使用相同的詞句，但就好像一開始時只談神木，也有談到小樹，後來有了小花，再後來有了苔蘚植物，也有了小蝴蝶等等。

在這個過程裡，你的視野已經不同了，但因某些重要問題仍存在，就以為好像完全無改變，但是當一個人從只看神木到看大樹到小樹到苔蘚的視野，你有可能沒有改變嗎？只是這似乎很難用說服方式讓你看見這些變化。

我舉另一個例子來說明，例如，人生終得一死，這是大家都知道的語詞，我們能說個案談了很多後，仍覺得人終得一死，但是一些潛在態度有所不同了？雖然結論仍得

一死，但我能說你沒有改變嗎？

有人說這是最後的「見山是山」，只是對於這種容易做出來的結論，我總是抱持著謹慎的態度，畢竟如果假設生命的複雜，何以會這麼容易就結論出簡易的內容？

倒不是結論的說詞本身的問題，而是要做到這種簡易的結論，要花多少代價呢？或者相信了這種結論後，要付出什麼代價呢？

尤其愈容易被推衍出來的這種結論，對我來說，其實是愈困惑而不是明朗化，但是我的說詞好像跟大部分人的經驗是相反的，因為也許會覺得好不容易推出了這種結論可以做為安身了，我的疑問卻又打亂他人原本努力所做出的結論。

前述的反應也是有道理，也要被理會，這也是我在目前書寫裡想要說明的，只是如果回到診療室裡就不是那麼單純，並不是我只要在你面前，將我的疑惑都攤開來，讓你一起想，然後以為這樣子就是心理治療或精神分析了？不過，這不是我的目的，目前書寫的這些疑問是事後坐下來好好想時才浮現的。

至於在診療室裡的情況，就不能以為只要攤開問題就是心理治療，這可能變成只是在進行殘忍的疑問，像是某種暴力，也就是說治療過程是比目前的論述還更要複雜。必須有一個過程並找出各式語言，來形容這些零星或混亂的經驗，這些過程的描述都構成自己的一部分，也是後來覺得自己是什麼人？這些陳述也都只是一部分，甚至只是

　　很小的部分……但是很小部分的了解，如何和你提出的
「一切都被卡住了」的「一切」抗衡呢？

第七章

從小到大，安全感是相同的嗎？

你說你不會想要「掌控」與別人的互動，你都是「配合」別人。你也覺得這不是最重要的問題，甚至不是問題，你覺得你的問題是在於「安全感」和「信任」的問題。

這四個名詞和動詞是不同的嗎？或根本是相同的事呢？不過對於你一口氣就拋出這一段話語，我猜想這大概是你心中盤旋許久的經驗吧。我需要再多聽聽這些背後的想法，雖然我常說「背後的想法」，我是假設那是被說出來話語的基礎，雖然不是很容易可以將所謂「背後的想法」直接聯繫上這些不同說詞之間的關係。

但是對於一些話語被接連著說出來，卻要說它們之間沒有關連，那也的確有些奇怪。畢竟精神分析存在百年以來，很多人大概知道這些連續說法之間是自由聯想的結果，不過這和一般刻意要運用自由聯想有所不同，反而刻意要自由聯想時卻更像是一句話的延長。我指的是，一句話裡相互有關連的話語被說出來時，人們會有多少自覺它們之間的關連呢？

像你這樣表達的方式，在我的印象裡，你不曾提過這些技術用語（或者你只是不曾說出來），反倒讓我覺得更

貼近自由聯想。不過這種時候要把你所說的這些話，變成一個延長的句子來了解，對你來說可能覺得不是這樣子。因此當我只是試著在你的停頓時，想要問一下你所談的「掌控」是指什麼事時，你馬上就繼續說你無意「掌控」別人。

你再強調你無意這麼做，你能做的只是配合「別人」，這時的語氣是更強調「別人」，不是剛開頭時你的口氣是更強調「配合」，你這時的強調是要指涉某個客體對象？但是你只說出了「別人」這名詞，這讓客體對象擴大到無限了，可能真的是所有人嗎？當我這麼想時，我真的嚇一跳，我這個無心的想法好像湊巧點出了一個重要的問題。

但是我很難接受「只是湊巧」這類的說詞，那好像在告訴我，是啊，這不就是你一直想要告訴我的事嗎？你是覺得所有人都對你這樣子，天啊，你怎麼可能有辦法遇見所有人呢？我怎麼此刻才真的聽清楚這句話呢？雖然你在更早前就曾直接提過，你覺得所有人都對你這樣，這是多麼大的負擔啊，也許我那時一直覺得，「至少我不是那樣對你」，因此我就沒有將你這句話聽進去，因為我似乎堅信我不是你所說的那句話裡的主詞或受詞。

我因此暫時緩下來，因為發現自己的狀況和你之間有一段大距離，我對於自己是否真的了解你反而更保守了。只是腦海裡仍是好奇你的話語，當然啊，你是持續說著一些生活上的事件，佐證何以你會這麼說，但是我在這篇文

章裡只是要說明一個小段落，要將那個小段落如放大鏡般再審視一番。

因為你所用的這四個名詞都是重要的話題，幾乎每個人都有自己的定義，包括我也這樣子，只是我發現自己和你的差距，因此我提醒自己要再回到你的話裡再重新了解。

例如，做為治療者傾向要找出共通性，會覺得這四個字的背後有共同的問題，有安全感的問題，也有信任感的問題，但是這種尋找共通性的傾向，在治療過程裡變成與你想要區分四者是不同的意識相互衝突。難道你想要有所區分是不對的嗎，是毫無意義的嗎？

如果我這麼認定，也許就和你更遙遠了，好像我只要抓緊背後的共通性，並以這些共通性的了解和認識做為治療目標，但是如果我不想了解你的四者之間的差別，是否可能錯失了什麼有意義的事情呢？

如果將這些想法再放回到你說話的脈絡來探索，我發覺你其實對我充滿了不信任也缺乏安全感，我曾在以前詮釋過這些，我先想著是否目前會有所不同了？雖然我是這麼想，但我的感覺是你比以前更不信任我，更覺得在診療室裡缺乏安全感。

只是這些都只是語詞上的說法而已，對於這些現象的深刻意義還是模糊不清，因我覺得所謂你更不信任我，更沒有安全感，可能意味著你更敢冒險將年紀更幼小時的經驗，不自覺地呈現出來，但這是更有安全感？還是更沒有

安全感呢?如果沒有安全感,你怎麼可能說出更早年經驗裡缺乏安全感呢?

這是「量」的問題,還是「質」的問題?量的問題是指不是全有或全無的安全感,但是當外在環境和治療者的關係更有(量)安全感下,個案會呈現早年的缺乏安全感。但這是否也涉及安全感的質的問題,所謂質的問題是指雖然都是使用「安全感」這字眼,但是它們是有所不同,甚至有時相同名詞卻有全然不同的定義?

如果說是全然不同,何以會被使用相同字眼來形容呢?但如果要說是一樣的質,這是什麼意思呢?是指在目前較有安全感的環境裡,流露出童年時缺乏安全感?這句話可以想像,但是容易理解嗎?雖然表面看來是日常裡常用的語彙,但在深度心理是完全依照平時的定義嗎?

我是假設你的區分是有意義的,因你心理上想要區分,這現象也許就有重要的訊息。在這種區分裡,我是否同意你定義的區分,這是另一件事,但我想像如果我假設那是有意義的,是否有可能帶來更多的了解?

就科學的了解來說,從你的話裡讓我覺得需要再深入探究的是,例如安全感、信任感等詞語,是否也有類似的狀況,一如佛洛伊德堅持「性」這個字眼可以表達很多事情,而不是只有成人做愛的性,但在我們的經驗裡也發現,這篇文字所談的幾個字眼也會有類似「性」這語詞,在精神分析視野下所隱含的量和質的課題?

但是如果要找出共通點,就會想要挪開差異性,至少

這是我從你的談話裡所收獲到的想法，雖然我的想法是否能夠做為有用的材料而幫上你的忙，可能仍還有一段距離。

如果著重的是差異，那麼重點就在於如何使差異之間的不同份子能夠相互對話，這個象徵比喻當然需要想像一下，不是一下子就要卻除差異，這麼做反而錯失了可能重要的訊息，假設是讓不同者之間的對話，來達成相互了解和相互豐富，這是我從你的說詞裡所衍生出來的想法。目前對於這四個詞的相關性，包括相同或相異性，我還沒有答案，但是你的說詞再加上你的反應，讓我有了這些想法，這是我的收獲。至於這些收獲會有什麼成果，我還不清楚。

第八章

何以個案常說「莫名的不安」？

前面章節提過，個案對於某些問題會有自己的想法與歸因，卻常在說出一些想法後，又會說出「莫名」不知為什麼會發生這些事的說法。

到底個案知道自己的問題嗎？

這在臨床經驗裡是相當常見的現象，起初，可能會覺得你這麼形容時，以疑問形式呈現的困境和問題，到底意味著什麼呢？只是如表面所問的那般，有某種感覺卻不知如何形容的反應？或者真要細究這個說法裡，「莫名」是什麼嗎？真要替這種莫名找出什麼嗎？或者只是要說明，就是在不安狀態裡？

或者，你在描述的是診療室裡當場的不安？更重要的是，做為心理治療者如何替這些疑問找到答案呢？是否很單純地，既然已形成問題了，那我就直接回答？但是心理治療者在當時真有答案嗎？那是什麼答案？從那裡來的答案？是來自個案？或來自心理治療者本身的經驗或期待呢？

或者，很可能的是覺得陷於某種不安裡，不知你到底是怎麼回事？對於要告訴你的某些答案，其實我也沒有把握你是否會聽得進去？倒不是答案沒道理，但是我做為心

理治療者，如何看待那瞬間的猶豫呢？我覺得沒把握時，意味著我了解你或不了解你呢？

但何以有個有道理的答案會浮現呢？

理論上，一般人很難忍受有問題，卻自己不知道原因，因此在人性上總會盡快找一個原因做為解釋歸因的理由。這種歸因是真正的問題所在嗎？例如，你抱怨身體的不適感，生活上常重覆某些行為，然後你接著提到以前的某些事件傷害了你。如果是這麼單純，好像問題都有了歸因，那就好好處理這個歸因就可以了？

然而，臨床的困難常是治療者給了相關建議，但是個案可能沒依建議去做，或者照做了卻仍覺得沒有解決「問題」。那麼到底所謂問題是什麼？後來所說的沒有解決的問題，是新生出來的，或者是原來的問題？

在臨床處境裡，較困難的是你做這些陳述時，讓我覺得你好像知道問題的因和果了，只是你無法改變結果，因而覺得遺憾。但是有時常讓我好奇的是，你更想要改變的那個前因，好像如果沒有那個前因，那你這輩子可能就會有不同的結局了。這種期待是如此強烈，甚至強烈到掩蓋了自己的了解。

甚至，你把問題的那些原因和結果一起談，好像它們之間有關聯，但是也常出現當我想去多了解，你又退回去，表示剛剛說的那些話之間並沒有關連性。那些話只是一時想到才說出來，結果把先前的歸納完全都推翻了。

這些到底是怎麼回事？如果這些情況是偶發的，也許

意義就不同，但是何以不少個案在不同的時候，常會出現這些現象呢？

這種時候，你常會不自主地提出「莫名」的說法，甚至覺得沒有人可以了解你。到底這種莫名的感覺，與沒有人可以了解你，是否有相關呢？回到理論的推演，假設你當前的問題可能與生命早期的經驗有關，這句話是什麼意思？這是意味著生命早期的經驗，就在某些地方？

但是由於生命早期，你不可能使用目前的語言方式來記憶這些經驗。這的確是個問題，但這個問題會如何被了解呢？也就是說，當我做為心理治療者，聽到你的類似說法時，我的想法是什麼呢？

所謂「生命早期的經驗」，這句話是什意思呢？在之前的章節，也曾有類似的發問，只是這種愈平常出現的語言裡，可能隱含更多難以理解的內容，因而就以很平常的話語來呈現。

所謂生命早期的經驗，可說是精神分析花很多力氣，想要去了解和談論的內容，但是在生命早期，嬰兒還沒有大人式的語言或表達方式，生命早期的經驗是如何呈現呢？以什麼方式影響後續的種種行為呢？

如果這些疑問還很難了解，我們對於這句話的功能，可能就是有限的了解而已，雖然不可否認的這可能是實情。所謂實情，並非我們毫無所知，只能說還在了解的過程裡。

因此，就算覺得有什麼影響著個案，卻始終無法說清

楚，依理論和臨床經驗來說，這常是眞正的實情。個案當然說不清楚，因爲還沒有找到長大後的語言，來形容當年的經驗，這當然就成爲莫名的感覺。只是難以忍受這種莫名找不到名詞來定位的狀態，常硬推出某個問題做爲歸因。

當你處在這種經驗裡，當然也可能覺得別人不了解你，但可能的機制是，你潛在地覺得自己是莫名的，也就是自己也不知道原因與問題。但是有趣的地方，你常是先出現覺得別人不了解你之後，才有機會理解到其實自己也還不清楚自己。這個推論是指「自己」這個人，而不是某個特定問題或症狀。

在這種困惑下，當然說不清楚別人，當然也難以了解自己，雖然個案覺得沒有人可以了解他，也可能有其它意涵。例如，那是自戀的運作，覺得自己是最困難的人，沒有人可以了解他與解決他的問題。

就內在世界的語言表達來說，也涉及了當年的記憶，不是以目前語言型式來記憶，也就存在著這種莫名以及無法被了解的困境與感覺。如果在這個假設來談，剛提出的「自戀」這個詞，要注意的是，本文不是用來做爲批評別人的那種用詞，而是表達這是一種困境，陷在找不到語言的困境時所呈現出來的樣子。

我們假設一定有被記憶下來，只是對於如何被記憶？以何方式記憶？這當然會有生物學和腦科學的專家一直在探尋，如果我們再問一個命題，是否痛苦的記憶，比較不會被清楚記得，但它仍會以某種方式記得，這個假設成立嗎？

第九章

自己能肯定自己嗎？

自己能肯定自己嗎？

在一般心理學裡，這種論調被當做理所當然。這意味著大家都希望，有一個叫做「自己」的人，這個叫做自己的人還能了解自己，或者肯定自己。這種說法通常比較受歡迎。

那是什麼樣的自己呢？「自己」到底是什麼呢？在哲學宗教史上，有很多的論述了，如果以心理學的角度來說，這反映著什麼？這只是一種自然存在的描述，或者是人類的期待？

期待和真實之間，有落差嗎？如果這是真實，是什麼樣的真實呢？

以上這些命題，並不是要推翻一般的認識，只是藉著提出問題，來重新想一想這個問題。何以需要再提出呢？以臨床例子來說，例如，某個案自覺是很低下的人，和別人的互動裡，常常覺得自己是被欺侮的一方，但又同時覺得自己就是這樣的人，好像被欺侮也是應該的。

是否要全盤吞下個案的描述？當然仍得再觀察，因為很難確定這位個案對待別人時，會不會趾高氣昂？畢竟，在心理治療診療室裡，只能從個案的描述裡，試著了解個

案的內在心理世界。

　　先回到治療者做為客體，要如何了解個案描述的自己呢？然後，再回到本章標題自己能否肯定自己的課題。

　　如果無法，也不能只從個案的陳述，做為唯一的了解方式，那麼，還有其它管道來了解嗎？這個課題在上一章有提過，這一章只再針對，何謂從個案的重複行為舉止，做為了解個案的管道呢？

　　這裡所指的重複行為，包括你所自知自覺的行為舉止，但是對精神分析的心理學來說，更著重那些不自知不自覺的行為舉止。既然是不自知不自覺的行為舉止，就不是由你口中所陳述的內容。

　　至於不自覺不自知的行為舉止，如果在診療室裡，是指你和我互動的過程裡，呈現的種種行為細節。必須說明的是，由於是細節因此無法很容易判斷這些細節的意義。

　　這是診療室裡，我了解你的重要方式，這樣子才不會只是從你的口說之詞裡，就認定你是什麼樣子。

　　至於這裡所指涉的，不自知不自覺的重複行為，包括從開始接觸後，你如何處理治療的結構問題？例如時間問題以及你如何陳述自己的故事？何以會用那些方式來陳述呢？或者何以你會強調某些問題，卻忽略某些話題呢？

　　這涉及你和我互動的種種細節，但是這些互動的細節，除了你陳述的理由外，還需要我依著觀察所做出的推論，並再回頭去觀察，而不是冒然太快以符合理論，或者是符合自己的習慣，即認定你這些行為的意義。

治療者也假設，不自知不自覺出現的行為舉止裡，會重複出現的是更具有意義。這些重複的部分通常不會只出現在和治療者的互動裡，也常出現在個案描述的生活史的故事裡。

必須再強調的是，因為是不自知不自覺，因此不是由你說出來，是我透過觀察你在陳述自己以前的故事時，所呈現的言外之音，或言外之舉止而得到的認識。

再回頭來看，如果有所謂真正的自己，是自己所不自覺不自知的。那種不自知不自覺的部分，如果是源於受苦的經驗，是否這是人類的錯覺，讓我們期待要自己來肯定自己？

人如果覺得自己被拋棄了，不論是被人、被神或被世界拋棄了，在這種情況下，人所宣稱的那個自己，還能夠自己肯定自己嗎？

例如你提及無法忍受只有自己看著自己，你覺得「一定要有人跟我談話，看著我，我才會覺得自己得到想要的支援，也覺得自己才存在。」

其實，這種說法在日常生活以及診療室裡，是常聽到的說法。這麼說時，好像這是一個問題，別人都可以自己來肯定自己，你卻需要別人來肯定自己。在診療室裡起初，我也這麼想，只是事後想，是否當我覺得只靠自己來認定自己，這好像是很獨立的意味，是很重要的自我肯定。

這是人性的實情嗎？或者，只是人性上，覺得應如此的要求與強迫？是否覺得自己肯定自己，其實是一種人性

的膨脹，反而不合人性？

人性上，是否需要別人肯定？需要別人注視與支持，才是眞正的人性與實情？

所謂自我肯定，這個名詞在本質上，是否爲人類自我膨脹的結果？雖然這不必然是錯的，而是人性挫折後的反應，就是自我肯定。

值得再細思的是，自我肯定永遠比被別人接受，是更困難的事？是否這種說法會被誤解爲，人不再有自己，而是只要實踐別人眼中的自己？問題在於，自己眼中的自己，是什麼呢？

是否這只是墮入了自己想要的自己？如果自己是原來生活遭遇問題的所在，那麼，是否就無法有自己呢？或者回到生命發展過程，推想在嬰兒時期，人是如何知道自己？那個自己是現在認定的自己嗎？

因此需要先被接受，才有可能接受自己？

英國精神分析師溫尼科特（Winnicott）的說法，大意是嬰兒在母親的眼睛裡認識自己。因此我的推論是，人的存在是否都在尋找那個眼神？只是這種尋找是困難無比，因此人發展出以自我肯定爲目標，不是以被肯定做爲人生目標？

如何做到被別人肯定，仍保有自己的感覺呢？至少，不要先以爲被別人肯定，就是自己不見了。雖然這是臨床上常見的現象。這種說法可能被當作是，一定要依靠別人眼光過日子。其實。這並不是前兩段的論述，前兩段只是

　　試著提出，這是否才更接近人的實情？至於是否接受這種
實情，當然啊，生命也就是這樣開展複雜有趣的地方。

第十章

那麼，早年的記憶是什麼？

你說，你來心理治療是爲了找出早年的某些記憶。我必須說，你一來就這麼說是讓我有些挫折，我如何相信你說出來的以前就是以前呢？

如何做才不會讓你覺得，我這個想法並不是在責怪你說謊，而是另一種眞實，只是這種眞實可能遠離歷史事實，我這麼說，你會相信我嗎？

大家幾乎都相信，有早年的記憶這件事的存在。

我們在生活上常常會想起，某年的某個地方發生了什麼事，然後我們會在腦海裡，想了又想，或者只是瞬間又消失了。有時候，有機會藉著說話表達出來，這些跡象都讓我們相信自己是有記憶的，因此有記憶的感覺是個前提。

我們有了自己是有記憶的感覺，也讓人對於有些記憶不見了，會再引起其它的感受。也就是說，圍繞著有記憶的感覺，產生了一些複雜的感受。

所謂記憶這件事，如果是指涉小學、國中或成年後的記憶，大概都不會引起太大的爭議。對於那是不是記憶，頂多有時被指認記錯了某些內容或細節。這些記錯的感覺只要自己接受，稍爲修正就可以了。這顯現了記憶的可塑性。

　　甚至有時候，在某些記憶細節不自覺地加進某事件裡，談不上是刻意加上那些記憶內容，但是這種情況的確存在就是了，這顯現了記憶的可包容性。

　　記憶的問題還是一種需要，可說是心理的需要，你是否覺得自己還是自己？這篇文章倒不是要談年老的失智，而是從小到大是如何覺得自己是自己？昨天的自己是自己，前天的自己是自己，這不會是困難的認定。

　　你如何確定一歲時的自己是自己？或者更早前的自己是自己，依靠什麼來認定？依靠小時候的相片，或者依靠家人說，你小時候如何如何，因此你確定自己曾經有小時候。這些都是小孩以後的事，是大人以後跟記憶的種種關係了。

　　如果將時間再往前推。你在生命的第一天後，第二天時，你如何知道自己是自己？那是有所謂記憶這種東西，可以假設是有，但是如何說服自己，或者何以你大都忘記那時的事呢？那些記憶都消失了嗎？或者都被家人的陳述，重新再整理過當年了？

　　那麼，這是記憶嗎？這是什麼記憶呢？

　　再回到前述的說法。在生命很早期的時候，我們如何確定，隔天的自己還是自己，或者昨天的自己是什麼？也就是說，我們是以什麼記憶，或其它的依靠來確定昨天曾有自己存在，而且昨天的那個自己是今天的自己？然後還相信，今天的自己又變成明天的自己，這種連續感重不重要呢？這種連續感是什麼串起來的？我們也許都可以說是

記憶。

其實，光由前述這些想像，你就可以想得到記憶是這麼複雜的事件，雖然我擔心這些說法會讓你覺得被淹沒了，變得很難再跨步往前走？在佛洛伊德以降的精神分析裡，由於理論的推演，例如，假設生命早期的經驗，佛洛伊德將伊底帕斯情結的經驗，設定在二至三歲，而英國精神分析師克萊因又將伊底帕斯情結，往前推到生命的前幾個月，這到底在說什麼呢？

我們真的記得那麼早的事情嗎？

因此，就需要再從這個推演來想像。顯然的，從成人的經驗來想，小時候還不會說成人式的話語，但是成人式的話語只是人類記憶的一種。如果我們還堅持要用相同的字眼「記憶」，來形容那些還沒有成人式語言時的記憶，那又是什麼樣的型式呢？

這是後設心理學的假設命題，也是我想像和假設你的內心狀態的基礎。在前面章節所提出的個案，當你覺得是莫名的存在時，那是因為當年的經驗，無法使用成人式的語言型態來記憶？然後，長大後，你會使用成人型式的語言後，就可以一下子說清楚那是什麼？

雖然在普通心理學裡常忽略這個問題，以為個案說出了早年的某些經驗與記憶，就以為那就是當年的經驗。這種看法忽略了人在生命早期缺乏成人式的語言能力，是否在成人後使用目前的語言說話時，就可以很快使用一些簡化的語言，描述清楚生命更早期的經驗呢？

引用佛洛伊德在《記憶、重覆與通徹》（Remembering, Repeating and Working-Through）裡的說法，簡化地說，人在生命早年的記憶是以重覆行為，做為記憶型式。這些重覆的行為舉止，也會出現在個案對治療師的移情裡。這種說法開啓了精神分析實務的重要一步，但是要真正理解也需要時間來體會。

也就是說，這種記憶是潛意識的，是不被自覺地出現在對於別人或治療師的感覺與行動的期待裡。因此當年的經驗是這種整體綜合的結果。這些整體上構成了早年的記憶方式，但不是以成人式的語言方式做為記憶。

因此如果我說，不是以成人語言說到某些經驗時，就表示真的感受到了那種經驗，需要讓這些經驗在你與我的關係裡逐步地呈現出來。也就是說，是以移情的型式呈現生命早期的記憶。這是精神分析自佛洛伊德以降，相當重要的論述。雖然這種論述不必然完全被精神分析學圈外的人所接受。

不知道你是否了解我的說法，也許以後有機會你會有不同的體會。我先簡略地說，人對生命早年的記憶，不是以記得的故事做為記憶型式，而是以日常生活裡不自覺呈現出來的各式行動，才是真正的早年記憶。

當精神分析以移情做為焦點的處理，除了處理個案移情裡的負面阻抗外，也是讓個案在移情裡充份經驗當年的經驗（這點還需要更多的說明）。然後，從這些經驗裡找出語言來描述它們。這是處理技術的描述，你不見得容易了解，這當然不會是診療室裡我對你說的話，而是我洩露

了在我們這個行業裡，會這樣子討論和定位我們到底在做些什麼。

也可以說，當你在診療室裡不自覺地實踐，或者後來自覺地描述你的移情時，可說是在描述你當年的某些經驗，精神分析的假設是只有透過這些經驗，重覆地呈現出來以及重覆地描述它，找出更多的語言來描述它，理論上，才更有機會讓你那些早年的經驗和記憶，得以被你和我清楚的了解。

這種說法還是得處理另一個課題，那就是當前所描述的移情，就算有涉及以前的經驗，但是兩者就相等於了嗎？嚴格來說，仍有爭議。因為任何人對於當年經驗的描述，也受當前對說話對象的移情而有所變化，對以前的經驗會有不同的說法。就算是針對同一事件，可能隨著對訴說對象潛在的想像有所改變，而會有不同的說故事方式和內容。

這涉及了何謂「歷史真實」與「心理真實」的課題。回頭看來，我談了一個很複雜的課題，嗯，這主題就先暫停在這裡。

第十一章

心理治療是經由認知的洞識，再走向情緒的洞識嗎？

　　有些教科書的確是這樣描述，先讓個案有認知上的洞識，但因為不是如此就馬上可以改變，被假設這意味著情緒上還沒有發展出洞識，因此需要一個過程再讓你有情緒上的洞識，然後假設你的問題才能更徹底解決。

　　這個治療的順序邏輯是不是有什麼漏洞？是不是要再重新思索？至於我們覺得需要再思索的現象和問題，我們的假設和基礎是什麼呢？

　　在臨床上是有不同經驗，因為前述的工作邏輯是假設，人的問題和症狀的解決有兩個管道，認知想法和情緒的來源，但是人的心理問題的解決之道，果真是這樣的邏輯嗎？

　　例如，最簡單的現象是你跟先生長期不和，為了不影響小孩，你會說因為跟先生兩人間的想法不同，因此難以在一起，但是問題這麼簡單嗎？是否在於因為不同而有衝突，何以不同就會帶來衝突呢？

　　如果這種衝突的更久遠因素是，先生根本不是你最理想的伴侶，當年是在某些難以清楚的情況下才做的決定，那是什麼因素呢？是否還有更早因素在推動著那種選擇呢？這些選擇是經驗拿著算盤精算出來的嗎？或者是某種

衝動，那麼衝動又是什麼呢？

另外，也需要說明這個命題何以需要被提出來再思考？首先如果這個工作邏輯是確立的，那意味著面對心理問題，我們需要做的標準流程是，需要先給予所謂正確的認知概念，然後再慢慢消化不合這些正確認知的相關情緒，就會因為有了正確的認知後，情緒就會改善了？

其實，我是很好奇這種簡化的邏輯，還能在社會上存在多久？

何謂生活和過日子的正確認知想法呢？誰能夠訂出這種正確的生活知識呢？這是什麼背景下的生活及心理的正確生活知識呢？然後我們再細想就算有了所謂正確的心理生活知識，如果人類仍無法讓它發揮功能，原因是什麼？這種無法發揮功能的原因，能夠再一次給予正確知識，就解決了無法發揮功能的因素嗎？

例如，一位小女孩被父親虐待長大後，小女孩心中所建構出來的未來生活，及如何對待自己的小孩的理想性，會比這個社會所期待的還標準低嗎？

臨床經驗上，如果要在認知想法上比較，這位小女孩變成女人後，她心中對於未來的家庭，以及如何建構一個理想家庭的想法，通常是比一般了解的還要更嚴格，更富有理想性。

也就是說，是更對或更正確的想法，那麼何以更正確的想法，後來卻帶來了重複的困境呢？如果她有了小孩後，她會重複原生家庭對待她的方式來對待自己的小孩？

原來的理想家庭的想法會消失了嗎？通常不是，而是愈來愈清晰，愈來愈明確，這是怎麼回事呢？

也許你聽得出來，我是間接在談論你的問題。可以再說是因為她的理想性過於理想了，超乎這個社會的現實了？或者這個社會無法那麼理想，她需要降低一些理想性才不致太嚴苛了？但是誰在決定這些標準，這是治療者的標準嗎？

治療者如何確定自己的標準，就是當代社會的最佳標準呢？而且可以依此要求個案配合呢？如果這樣子好像是假設，我們身處的這個社會是完美或足夠好的社會？如果是這樣，如果有人不滿意當代社會，就意味著這些不滿意社會的人就是病人嗎？

這些說明當然仍無法確定出一個準則，來呈現這個問題的複雜，不過我這一篇文章的主要目的僅是，呈現出如果要將心理治療定義為，由認知的洞識再走向情緒的洞識，途徑如此被簡化後可能帶來的不足，或甚至可能是有問題的地方是什麼。

如果這個工作流程順序的命題成立，就意味著所謂心理治療是先做認知治療，然後再處理後續的情緒問題？前述疑問只是要先呈現人類心理問題的複雜性，不然宣稱可以知道人類心理生活的正確方式，甚至將這些心理生活正確的來源，認定是起源於我們身處的社會和文化，那麼，我們如何對社會和文化提出批判呢？

問題還不只這些，什麼是情緒的洞識呢？好像變成一

個統稱，這裡頭有更複雜的內容，被歸入是所謂的情緒，因此想法上接受了某個概念，但情緒上無法接受，所以還無法改變問題和症狀？但是這裡所談的情緒是意識上或潛意識的呢？

你想過表面或深藏的情緒有多少樣貌呢？我們能夠認出來多少呢？或者這些呈現出來的情緒就是最真誠，最真實的嗎？你覺得沒有另一層具有保護功能的情緒在外頭嗎？有多少層的保護呢？或者這個問題對你來說，本來就不是問題的問題，因為如果是潛意識層次的情緒，你當然仍難以知道還有其它情緒在表面情緒之下。

還有，一個認知想法和某種情緒之間的關係是什麼？你會覺得就像是你對某個想法很生氣，因此想法和情緒就是這樣單純的關係，像直達車那樣，一個認知開向一個情緒，或者某個認知卻可能開出多種情緒呢？是不是這個現象比較符合一般常情呢？

如果我導入潛意識的概念，除非你完全不接受這個概念，那麼潛意識裡的想法難道就不是認知嗎，是否可能屬於不同層次的認知呢？

回頭來看這是一個有趣的現象，如果潛意識做為一種概念的存在，當我們再細想「潛意識」這個認知概念被接受後，我們能夠真的接受潛意識是真正影響著人的動力的主要因素嗎？

何況本章標題的疑問就是從這裡出發的，如果這個工作邏輯被定於一尊，那意味著有「潛意識」存在這件事就

難有空間了，因為當我們說出一個認知概念時，那都是意識的內容。雖然可能被解釋成先有正確的認知概念，再來潛意識裡慢慢消化，這是一個好像有道理的工作順序邏輯，依然需要再探索前面所提出的種種疑問。

雖然當你開始說當年是如何不喜歡先生時，我也開始想像你可能要告訴我的是，只要這個想法被挖出來，擺在我面前，在我聽進去後，就是你對於自己問題的想法和結論了。我覺得這是一個好像有道理，卻是過於簡化的心理治療的流程概念。這種簡化在心理治療過程，可能會帶來一時的清晰，卻忽略了人性複雜。讓我開始想的是，為什麼答案這麼簡單？

簡化答案的結果卻可能後續帶來不如預期的挫折，卻同時覺得沒有出路了，這如同你的說法裡透露了，你已經知道其實你根本不喜歡先生，當初結婚是不得已，這是一個想法，然後只要情緒上也慢慢接受這個想法，問題就解決了嗎？但是我如何相信你所說的，你根本不喜歡先生？難道這其中沒有其它迷障？你再三提到你不喜歡先生，是不是還有其它的喜歡呢？但是其它的喜歡能夠浮現成為認知想法嗎？尤其是在目前這時刻。

第十二章

誰在執行這些認知概念？

　　也許你還在沈思前一回的內容，我再度回到日常生活裡一個常見的現象，例如，某種專業概念由資深者或年輕人說出時，何以大家可能比較相信資深者的意見？或者有些比較新潮的課題，大家比較聽得下年輕人的意見？也許他們說的都是相同的意見，何以如此呢？

　　這個基本疑問其實是很重要的現象，雖然大家可能都覺得習以為常了。如果細想這其間的原因也許是個重要線索，這個線索跟前一章提及的，認知洞識和情緒洞識的課題是緊緊相扣。

　　例如，你來心理治療時抱怨在童年時代，由於家中貧窮養不起小孩，你是家中老二，因此你被送給隔壁村的人領養。

　　你讀小學時才得知這件事，但是你已經忘記了，到底是如何得知這個訊息？多年來，你一直想要回想起這段記憶。你想要透過當時說出這件事的人的口中，再進一步知道「其它細節」。

　　至於什麼是其它細節？你多年來一直在更改，好像隨著不同的年紀，你想知道的細節，都會有所更動。這麼多年來，你常跟一些親戚提及這些事。但是親生父母和養父

母的說法，有時會有出入，反而更增加她的受苦。雖然我聽起來，你好像最想知道的是，為什麼是你被送養而是不別人呢？只是這個疑問卻一直不曾成形，我的意思是指，不曾變成一個清楚的概念可以讓你說出口。

久而久之，對於你重複問這些事情，周遭的人也都逐漸不耐煩了。覺得你根本只是要找麻煩，何必去弄清楚這些東西，知道這些又有什麼用？反正都已經過去了，你的養父母一直待你不錯就好了。你的養父母的確待你不錯，讓你跟原生家庭長大的兄妹比起來，你還能大學畢業，但是原生家庭的兄妹，卻都在高職畢業後就開始工作了。

但是這些意見並無法說服自己，你說你也常這樣告訴自己。甚至，你有時會覺得這是自己很認真讀書的結果。雖然有時候也會覺得，這麼想是很對不起兄妹。因為你的養父母的經濟環境條件比較好，例如你在小學時，就常有日本製的鉛筆盒、鉛筆和橡皮擦等等東西。

天啊，這讓我都有些妒忌了，你這麼小的時候就使用日本製的文具了。但是在你的說話裡，我卻找不到可以介入的空間。因為你說得很綿密並沒有打算讓我有說話的空檔，好像你覺得我能說的，都是你早就聽過想過的話。

你還是堅持要想出來，當年，你是如何知道你被收養這件事時的場景？到底聽到了什麼？當時發生了什麼事？多年來，你想要知道的細節愈來愈多，有些變重要了，有些變得不重要了。例如，當時天氣怎樣？你的反應是怎樣？

　　你就是不了解，何以天氣怎麼樣，跟你反應怎麼樣，這兩個問題到底有什麼關連呢？這當然也是我的疑惑，雖然我告訴自己還是要再多聽你怎麼說，但是不可否認的，我會想要對你說何必知道這些呢？難道，沒有其它更重要的問題嗎？

　　後來，你說有一天，也是很多年前了，有一位當年鄰居對你說，其實這些都過去了，你何必再計較這些呢？何況你的親生父母、養父母都過世了，就算你知道了你想知道的內容，有什麼用呢？

　　你覺得當時你是很震撼的，雖然你老早就聽很多人說過這些話了，而且聽過很多很多次了。甚至你也常常這樣子告訴自己，但是以前你根本就聽不進別人說的意見。

　　其實，你也沒有聽進自己對自己說的話。但是那天，這位鄰居這麼說時，你卻整個人突然平靜下來，好像這個世界終於告訴你最重要的話語。你處在這種感覺裡，有三天吧。

　　三天後，你早上起床，想要出門去傳統市場。但是等到準備好要出門時，你卻愣住了，你自問幹嘛去傳統市場買東西？其實已經至少三年以上，你不曾去傳統市場了，平時都是就近在超市買東西。

　　這個疑問讓你不知道怎麼辦？你坐在沙發上發呆，坐著坐著，你就哭了起來，放聲大哭，從來不曾這樣子哭過。後來，你覺得很舒服，竟然不知不覺在沙發上睡著了。

直到中午吧，醒來後，你也很納悶，到底發生了什麼事？你甚至不知道自己到底在哭什麼？雖然覺得很舒暢，但是心中的結卻在醒來後馬上再出現了。腦海裡再度浮現，前幾天那位鄰居勸你的那些話，仍像是當著你的面，那些話音重現，在你腦海裡再度出現迴旋。

你還是覺得那些話很受用。在沙發上呆坐一陣子後，你還是依照原先想去的傳統市場，但你並不知道自己要買什麼？只是去逛逛傳統市場？

你後來就不再提及這天到底發生什麼事了。包括是否去了傳統市場？或者中途有了變卦，臨時更改了行程？但是後來有次治療時，你提及了你一直很好奇，為何那鄰居要你不要再執著了，要放掉這些過去的事了？

你覺得，你聽進了那位鄰居的話，但是這讓你很好奇，不知道到底是怎麼回事？隔了一陣子後，你再度提起那天你有去傳統市場逛了一圈，只買了一隻很花的雨傘。你不知道幹嘛在大晴天買雨傘，但還是買了。

那天回家的路上，你忽然想起當年，知道自己是被收養這件事，是否就是那位鄰居說的？你有這個想法，但是不確定，只是有了這個想法後，你就突然覺得有些事好像想通了。

何以當時你沒有跟我提過這件事，過了幾個月後才說出來呢？這是怎麼回事？我詮釋這個現象，表示是否你擔心我會因此覺得你只是亂想，因此你就將這個想法擺在一旁？你起初說，不會啦，來治療那麼久了，怎麼會擔心我

責怪呢？

　　但是，接下來，你開始談，當年上國小時，第一天，由於你一直哭而被老師處罰的事。你邊說邊哭好像這是目前正發生的事，你同時向我說對不起，你不必這樣子哭。

　　這涉及了很多值得討論的訊息，只是順著上一章的內容，提出這個例子的主要目的，是要呈現個案對於某個認知想法的接受與否，其實很複雜。能夠了解及接受這種複雜的可能性，是很重要的，才會有新的可能性浮現出來，原來介意的事才有新的了解，也就是說，這個認知概念才有機會呈現出來。

　　例如，你雖然說不會擔心我的責怪，但是你接下來說起的小學故事，是在回應什麼呢？如果有答案，就你的內在世界來說，那是誰說出來？以及誰接受了這種感覺呢？尤其是你突然找到你要的答案，在目前我甚至無法知道這是怎麼回事？你卻突然有了改變，連我都覺得很困難說，你的改變是因治療的關係。雖然我也相信，如果因為治療所以你的改變有了基礎，但是實情是什麼？現在仍是在霧中。

第十三章

框架是什麼意思？人生需要框架嗎？

半年來，你圍繞著先生和婆婆的問題。你形容自己已經對他們早就不再抱著任何期待了，你今天再舉一個例子表示，你陪先生上市場買東西，你覺得先生雖然要買每一樣東西前都會問你意見，但是你根本只是隨意回應。

你重複說你根本不抱任何期待。回家後你大發脾氣，表示先生根本不尊重你，我問何故？你說你拿著購買的東西走到門口時，先生沒替你開門，他竟然自己就先進了門。

我心中想的是，如果你對先生不抱任何期待了，何以會期待先生幫你開門呢？而且還生如此大的氣呢？不過我當然知道我如果這麼疑問並說出口，在這個時刻應不可能只是一個簡單的疑問，而是可能帶有攻擊意味的舉動。我需要問自己這是需要的嗎？我何必挑戰你呢？不過無論我是否說出口，我仍然無法否認自己在當時的確有這個想法，想法當然不等於做法，不過這個想法的存在本身就自然有它的道理了。

也許我是想要有所突破，突破什麼呢？因為你重複談到你被框住了，被家庭框住了，被先生框住了，也被婆婆框住了。你被框住的感覺是相當多年來的感受，這讓我覺

得你好像要我同意或者建議你，怎麼不離開這個框架呢？也就是一個很簡單的邏輯，既然家中是如此的框框，爲什麼不離開呢？

這個邏輯太簡單了，何以你未做呢？因此我知道事情不是那麼單純，不會是一個「就離開啊」的建議可以解決你的困境。你的抱怨內容單一重複，但是這種單一也許意味著，你不想被單一的答案「如果不滿意就離開啊」所說服，畢竟這麼簡單的答案，你不可能不知道。

當你以前說被框框住時，我是覺得那是你的困境，但是剛剛當我想到你怎麼不離開這個框架呢？這個突然的想法裡「框架」這兩個字讓我想到，精神分析和精神分析取向心理治療裡的重要主題「框架（frame）」。談論精神分析和心理治療時，這個主題幾乎是必然會出現的章節。我來說明一下，到底我想到的心理治療的框架，跟你所談的被框框住的感受，這兩種之間相互比較，是否能進一步了解你的困境是什麼？

我初步的聯想是，如果心理治療和精神分析的框架或架構是如此重要，且要走進深度心理學勢必得有穩定的框架，讓各式紛擾的主題得以有機會被消化、被思考。例如，精神分析師比昂（Bion）提出的「涵容和被涵容（container and contained）」時，容器也是一種框架吧，依比昂的說法是在穩定的容器裡，才能藉著思考來消化心中的紛擾。

但是你生活上也有框框啊，何以這些框框無法讓你想

得更多些，不是在重複問題裡打轉？只是對你來說，你卻
覺得這些框框都是綁住你，讓你無法自由的框框。因此你
的心中感受是，框框是一種你要拋棄的東西。因此才有所
謂要離開框框的課題，這思索的是何以都是一種框架，不
論說是框架或框框，兩者有它的類似性，但是你的反應和
精神分析的強調，卻是如此差距，我也困惑這是怎麼回事
呢？

　　換成另一種說法，為什麼你心中的框框，是一種讓你
無法做自己的現象？但是精神分析取向的治療卻是強調，
如果過程裡缺乏架構，尤其是缺乏隱定的架構，是很困難
處理個案所拋出的困難。也許你說的的框框和精神分析強
調的框架，根本是兩件不同的事情，當然有不同的部分，
不過我想到的是兩者是否有相同的部分？這些相同的部分
能夠讓我們有機會了解一些心理運作的方式？

　　你覺得是被框框侷限了，細想你的感受是如此真實，
其實這也是精神分析的框架的某種特質，因為治療的框架
本身也有侷限的意味。例如，以時間和其它的態度課題，
某種程度來說都是對治療者，也是對個案的侷限。但是同
樣都有侷限意味的現象，對你來說是一道將你綁住讓你無
法離開的界限。

　　不過回到你描述的情境來說，並沒有這麼單純，因為
理論上既然知道什麼是框框了，那麼的確就把框框去掉就
好了啊。但是你不只仍留在你抱怨的情境裡，對於不離開
你先生，你曾在以前說過你不會讓先生和婆婆這麼輕易得

逞。雖然我已經無法完全記得你當年的理由了，但是我很清楚記得你當時的口氣，表情是那麼堅定好像你是深思熟慮後，用力地決定要留在原地，留在你後來說的框框裡。

這是你的決定，不過你可能也有猶豫吧。因此在這種框框裡，你後來的談論內容大都是想要離開的意味，不過所謂猶豫和矛盾，原本就是有兩種不同力量或概念同時存在且相互抗衡。那是指留下來和離開，而且任何說得出來的理由可能都只是表面的，是有其它尚無法自覺或者還無法說出口的內容。

所謂框框，是否原本所粗略感受的框框裡，是有什麼讓你不舒服而想要離開？也有另一種同樣力道的內容，那是你就要留下來？這是我的假設，勢必還有其它更困難的緣由，讓這種掙扎變得更有動力，在底下悶燒著成為你目前困境的緣由。我這麼假設並不是說，我現在有了精神分析理論就表示我知道了，這不是實情，雖然我也不認為這時有必要告訴你這些，畢竟你還沈浸在目前自身的困境裡。

而且除了跳進你的故事裡，找你的問題的複雜起源外，更重要的是我需要想像，不然就會被你的框框綁住了，當你重複提及要離開框框，但是我後來突然想到心理治療的框架或架構。除了前述的想像外，另一個值得思考的是，你提及是離開故事裡的家，先生、婆婆的框框，是否也同時在表達，你對目前心理治療的架構的矛盾心情？這是太簡單的比對了，只是想像你心境的起點，因為你處

的困局不可能只是我這樣比喻，就會突然看清了所有問題。

你也有要留下來，也有想要離開心理治療的猶豫和矛盾，這當然不是你目前直接說出來的話語，雖然你先前曾輕輕提過，來心理治療這麼久了，但是你的問題依然存在。當時，聽起來你雖然有挫折但你還是來了，更像要表達什麼的你還是來了，而不是你不要來了。你還是認為我可以幫上你的忙，不過直到目前看來，也許當時你那句話裡就隱隱含有比我所感受的，更高度濃度想要離開的意涵。只是目前這種想法是被包藏在你對於先生、婆婆和家的框框裡，而不是心理治療的框架裡。

在這個心理反應的可能性裡，讓你心中的框框，和我想到的心理治療的框架，有了共同的基礎。也就是反映著你內心深處在掙扎的界限，因為有了界限也就讓你的掙扎，有了表面看來明確的內容。例如，和先生及婆婆的關係。但也可能反映著你和我的關係裡，存在著界限的配合和違背，不過就算有了你所說的這些故事，讓我對於你和我之間的界限有了一些了解，但我必須承認這個了解仍只把我隔在界限和框架外。我依然只是你心中的局外人，因此所謂想要離開心理治療，回頭來看來並不是離開，而是你一直在框架外。因此這不是是否離開的問題，而是你在門外徘徊重複矛盾著，是不是要打開你心中的大門，讓其它故事出來見見世面？

如果是還在門外，我何以先前會覺得了解你呢？這是

什麼了解呢？是真的了解嗎？它的真是指什麼？只是你和我的位置顛倒，變成我的錯覺以為你的期待是意味你已經進門了？至於你不時想要離開，就是這種離開的感覺勾起我覺得應該要做些什麼，不然好像我就是一位無能的人。

這竟然引起我心中的憎惡，變成好像是我要離開你，只因為我覺得無能為力，對於你所說的故事，我只能袖手旁觀。當我處在這種狀態時，就意味著我設立了一個框架，讓我可以心安地告訴自己，有個距離至少是安全的，這是心理上的安全，好像是符合想像中的治療技術，不過實情看來是更複雜。

第十四章

千里之外就是千里之外？

　　其實你要的很簡單，當年早婚，有了兒子，但是爲了生活，兒子完全由母親撫養。當年你有空就回家，但是兒子都不理你，雖然你知道兒子在你轉身離開，要回到工作的城市時，他都在你看不見的地方偷偷哭泣。

　　後來你才知道，兒子也不讓阿嬤看見他曾偷偷掉眼淚。你說你甚至想要完全忘記這些往事，包括兒子的眼淚早就乾枯了，你心中卻一直流著他的淚水。我很訝異，多驚悚的感覺啊，你是從什麼地方學到這樣子描述你的心境？你這句流淚的話濃縮了高度象徵的意義，心事已被你消化過了，不過當你說你寧可什麼都不要，只要跟兒子在一起時，我反而被你這個具體行動的期待，弄得反而更擔心了起來。

　　我的意思是說，當你說出這麼具體的期待時，好像你對淚水描述的象徵就消散了，淚水已經流出你的心中。雖然我心中是更擔心，因爲沒有淚水的困境，只能硬碰硬，就像你要兒子能跟你住，這個具體期待是現實卻早已把你都淹沒了。畢竟以前完全把兒子寄養在母親家，和此刻你什麼都不想做，只要跟兒子在一起，對我來說是超過現實需要的超現實了。你卻說得字字都被掛上斤兩了，令我沈

重萬分，你卻說這是一種必然的做法。

目前你希望可以全心陪兒子，因為他一直無法適應學校。你是被轉介來會談，因為轉介者覺得你和兒子太近了，會妨害兒子的獨立。雖然對於這種明明就是要拆開人的舉動，被說成是轉介的正當理由，我一直覺得有意見。因為這種轉介理由讓我的心理治療，變成了只是要讓你和兒子分開，就像在更早以前你所做的，你把兒子放在母親家裡。

你獨自在都會工作，每月都按時將錢寄回家給母親，如果我接受這種轉介理由，好像我只要再把你逼回原來的生活形式就可以了。不過這種以為隔開母子或母女之間的過度親近，做為心理治療的轉介實在不少。我也知這不是對或錯的簡化而已，而是我需要從我的工作裡開始想像，如何不是讓你因為對過去的自責，而無法和兒子之間有適度的雙方空間和距離，雖然我相信這個說法仍是太簡化了，因為還有兒子的心情和力量在影響著你。

果然，你來會談時大都是談兒子的事，好像你真的是為了兒子才來心理治療，而不是為了你自己。不過我的經驗早就告訴自己，不是我直接告訴你，你來心理治療是為了自己，不是為了兒子。我如果真的這麼說，大概就只是像一把刀切進了你的心理世界，把你子宮裡的兒子生硬地拉拔出來，然後以為這就是讓你可以為自己而活了，不是在心理治療裡只談著兒子的種種，但是這種想法真的有道理嗎？也許你真的開始後悔，你不該逞強生下兒子，原以

為有了兒子，這個世界會有所改變，你就不會再那麼悲慘了，但是「天跟我做對」，你是這麼說。

我真的很想阻攔你，不要繼續這個死氣沈沈的治療場面，讓我會很想阻攔你再說兒子的事。我嘗試很婉轉地說，你來心理治療是為了你自己，你才是真正的主角，不是為了兒子。但是我說了後，你的反應是說你不知道啊，很無辜的表情。我才恍然大悟我的婉轉，其實根本沒有消減掉這麼說時所隱含的能量和力道。雖然我太輕易地相信，以為我只要口氣婉轉就可以降低這句話的挺進力道。畢竟我不想我的話像一台推土機壓過你，這不是我的工作，雖然你並沒有因此就被消滅了。

這讓我假設，你的無辜是花了很大的力氣，克制自己的無助感所呈現的表面現象。我想著從無助感到無辜，這中間是一條長路或者是短路？長路的意思是指中間有很多可以慢慢被爬梳，被了解的中介。但如果是短路的結果，意味著是經由某些不可解的緣由，突然切進一條看似短路，卻是難以思索下去的課題。這些思索還無法讓我對你有更多的了解，不過我是試著在我的心思裡，建構一個更大的空間，讓我能夠容納你拋出來的人生困局。

當你以無意的方式說過，你很自責當年將兒子放在母親家裡，原以為只要好好賺錢，讓兒子有比較好的環境，兒子後來一定會了解你當初何以會這麼做。不然，如果將兒子留在身旁，只會變得兩人都難以再活下去。你的說詞也隱隱流露，當年你曾經有帶著兒子一起死掉的念頭，我

說你當初想要跟他一起死，你沈默了一會兒才說，應該有吧，你說已經無法清楚記得了，因爲那時候的心情太複雜了。

我是同意的，的確在那種情況下是很複雜的心情，因此更提醒自己，不要太急切地以爲我說了什麼，就會讓你可以緩解下來。尤其是你被轉介來找我時，被賦與想要分開你和兒子之間太強烈的聯結。因爲你和兒子間太強烈聯結被當做是問題，是兒子目前出現的問題原因。如果要我完全同意這個想法，本身就是很困難，也反映著是我離你很遙遠，好像我必須與你不能太強烈聯結。但是什麼是太強烈，什麼是適合的聯結呢？

你提及在自己的婚姻問題後，將兒子給母親教養時所帶來的心理煎熬。這種煎熬在目前是以另一種面貌重新出發，變成你和兒子之間的相互煎熬，情緒的相互糾葛是如此強烈，要重新塑造曾經出現過的情景，改寫場景成你跟兒子一直在一起，你們從來不曾分開過。也許這也是轉介者和我何以很快感覺到，你跟兒子的緊密關係是個問題。

如果我的治療只是想要分開你和兒子，這是讓你陷進困境的方式啊。但是我能做什麼呢？你期待我告訴你到底是怎麼回事，才會有目前的情況？如果我把先前的這些分析告知你，就是心理治療嗎？雖然我是懷疑，但是我不能完全說我沒有想要分開你和兒子的想法，我已經說過好幾次了，畢竟轉介者是要你不要和兒子靠這麼近，但是這是你本身來心理治療的期待嗎？

　　雖然我在先前大都假設，你目前是希望能夠和兒子親密在一起，但是否你還有其它不自覺的心情和動機呢？也就是如果你也有想要再度離開兒子的動機，只是這種動機的確是太殘酷，連你也很難接受自己好不容易和兒子在一起了，怎麼可能會有想要跟兒子分開的想法呢？這是什麼樣的期待呢？因為你的作為是如此切不開兒子，甚至兒子是如此依賴你啊。

　　如果前述兩種心情和動機都有可能存在，就會呈現另一個難題了，如果是很簡化邏輯，是兩人太緊密了因而造成問題。何況你也顯得矛盾所以要分開，在這邏輯下如果你也想要和兒子分開，以免兩人之間關係顯得愈來愈緊張。但是這個想法只是實質上重複當年你離開兒子去工作，為了養活小孩，如今這個理由已經用不上了，反而是兒子可能以這理由來離開你。

　　我想到精神分析家溫尼科特的論點，他認為孤獨是一項能力，具備孤獨能力的人是有能力和其他人相處的。這跟一般人想像的孤獨是有所不同的解讀方式，孤獨被當做是一種落寞無奈的結果。因為使用相同字眼容易造成理解上的困難，如果照我的了解是，你認為如果要獨立和孤獨，就是切斷關係，以為這樣子才是真正的獨立。就外顯表象上有些像這樣，但是就心理來說如果只是切斷關係，讓當年的創傷只是重複出現，而不是能夠好好經驗這種分離，並讓這種分離成為一種具備孤獨能力的過程。

　　不過這可不是容易的事，因為和一般想法是有些顛

倒，我也許要先暫且停在這個想法上，雖然我此刻說出來，仍有期待你能了解並消化這個想法。但是我不能馬上將這當成是一種期待，因為這是你目前的難題。我不可能將治療變成一場教育，將我剛剛從文獻裡所得到的假設，要你馬上聽得懂並且照著這些理論來做。我假設你在目前仍會重複以前的問題，這是多麼殘忍的臨床常見現實和假設，但我必須先要接受，然後再一步一步走，而不是以我剛想到的理論，期待由我出口然後變成你眼前就要接受的意見。

因為目前真正的重點是，對你的情境感受我可以有多少的體會？這不是我的理論可以代替的，雖然你的陳述裡好像把我置於某種位置，好像我最好搬出一番大道理。我開始相信如果我這麼做，表面上像是依你的意見來幫忙你，但卻是反映著我和你都難以忍受目前的困難？

在這種時候這些理論就可能成為破壞者，破壞了我來體會和想像到底你目前的困局是什麼？這成為內心裡的一個戰場，但這是我的事情，你幫不上忙，我只能先不要探取冒進的處置。雖然冒著被你批評我不是很厲害的治療者，一如你當年期待你以外出工作，又能以遙遠的方式照顧到你的兒子，但是千里之外就是千里之外啊。我只是需要回到治療的情境裡，就是在你和我的眼前到底有什麼正在發生著？

第十五章

如果治療者冒然認同了個案？

你早就說過你早年被虐待的創傷經驗。

今天來時，剛坐下來你就很嚴肅告訴我，要我一定要幫你回想一個日期。當我還在納悶的時候，你表示曾在某次提及同事曾干擾你的事，我想了解是什麼干擾，而直接問你是指什麼事？雖然乍聽起來是尋常澄清的動作，但是你的反應卻讓我覺得我做了一件愚蠢的事。

你的表情好像告訴我，我怎麼會不知道你說的是指什麼呢？好像我的不知道就是犯了一件嚴重的錯誤。但是你的表情很快平靜下來，也許你瞬間閃現了某種想法而原諒了我，你猶豫地說你要申訴某男同事，他對你有性騷擾。

但是你似乎不願意多談相關細節，你覺得我應該知道你要談的事了，你只說不記得對方冒犯你時是什麼日期？你要我幫你想一下，你記得是在某個日期某次治療時提過這件事。你想要由這個日期，來回推那事件發生的日子，你雖然要的只是一個確定的日子，但我卻更困惑更不確定你要做什麼？

這是我腦海浮現的多疑，到底你要做什麼？而且以這種方式把我捲進去你在外頭的世界，好像如果我幫你記得某個日子，就表示我是你的申訴事件的發動者。因爲你的

態度好像你已經忘記了日期，而我卻是應該記得的人，你覺得我一定記得這件事，雖然我的記憶並不確定你指出來的事是什麼？也許你真的曾說些什麼，但不是這麼明顯的說法，因此我並沒清晰記得。

　　你再重述說我一定要記起那日期，不然你無法提出你的訴求，事後回想，我當時心中也不自覺地想像應該要幫助你，好像我如果不幫你記起那個日子，你覺得受傷害的日子，也測試著我不只是否記得你受傷的日子，而且我要能夠從你以前輕描淡談的經驗，聽出來你內心受傷的慘重。我心中卻不斷重複著，我怎麼會記不起來你說的是哪件事呢？我相信如果你曾明說我是不會忘記的，但是這個有記憶或沒記憶的課題，反而變成了我的困擾，原本是你的問題和困擾，卻在你的一句話和請求裡，馬上轉身變成我的問題。

　　我雖然覺得這真的是我的問題嗎？為什麼不是你自己去處理呢？你不曾如此明說，我又要去猜測你所說的是什麼事件？不過顯然的這個聲音並沒有馬上在我心中佔優勢，我仍在腦海裡搜尋到底是哪件事？好像那瞬間我真的有能力知道，而且做出對的判斷，只要我好好再回想一下，我一定可以找出那個答案。

　　回想起來我到底是以什麼心情，覺得自己應該有這種猜測，而且要有猜對的能力？是否我長期處在你無意中的貶抑裡，如果我能夠完成這一攤任務，找出那個日期，那麼你就會開始尊敬我？雖然仔細想想，我真的那麼在意你

是否尊敬我嗎？我是感到懷疑，如果我要你尊敬我，那麼心理治療成什麼樣貌呢？你的自由會成為什麼樣子呢？

好像我暫時勉強接受這是你的自由啦，也是我起初告訴你的，你可以說任何想法，可以單純化成也許你只是在奉行，我告訴你可以自由說任何話。但如果是這種自由，一如你當然可以有這種心情和自由，要求我告訴你一個重要的日子，在那個日子你受了傷害，你要提出申訴，你是把這麼重要的事塞進我的腦海裡，讓我為了這個問題掀起一場波濤，畢竟如果你覺得真受那些干擾，你有權力替自己做些主張。

但當我想到這些，覺得自己要慢下來聽你陳述，再想想我可以如何說時，你的話題就轉開了。你根本不再理會我的思緒，雖然我的思緒是在回應你的要求，你開始談論其它話題，好像你已經不要我的答案。你開始慢慢地說話，談到當年父親是如何殘忍地對待你和弟妹們，但是談到母親時，你卻有更強烈的情緒，你覺得母親根本就是無能的女人，只能在一旁看著你們被父親殘忍對待。但是談及父親時，雖然他是殘忍的，你的口氣卻少了如談到母親時明顯流露的憤怒和貶抑。

我突然想到我要被你尊敬的反面，是覺得你在貶抑我，如果我找不出那個你要我尋找的日子，那就意味我只是一位旁觀者，在診療室裡你所談的內容，我都是無能為力。但是這麼想就有些奇怪了，至於是否有道理就再想想了。我想說的是如果當時我像母親般的無能，難道你的要

求像是你父親無理的要求你和弟妹嗎？

　　想到這點，我突然覺得輕鬆起來，好像我發現了重要的現象。但是我又覺得這樣描述你是太殘忍了，畢竟你一直描繪的是你是受害者，如果我將你說成你像父親那般，那豈不是會鬧翻天？我的膽怯瞬間掩蓋我，覺得指出這個現象太早太快了，你可能還沒準備要聽到這種奇怪的論述。

　　好吧，好吧，先不要再計較這些了，我想得過多了，既然你已經不再逼我要給你一個日期，我就不要再想了，我就好好聽你怎麼說吧。為什麼你和父母之間的關係會是這種模樣呢？你仍然交叉談著父親的劣行和母親的無能，好像要舉出更多事例讓我知道事情真的是這種樣子，你並沒有亂說話。

　　不過隔一陣子後，我卻再度浮現你提到日期的問題，我的記憶裡突然出現的是我面臨的難題，是你根本無法確定是哪件事？因為你常常提及朋友對你不懷好意，或者想要碰你的身體佔你便宜，我也想起了你在每次會談後，要離開時，總是想要多說些話，然後會想順手碰我的手，因此我在結束起身後，都採取較遠距的位置。

　　也許這些想法浮現出來變成我的防衛，說服自己沒必要回應你的問題，或者如果要回應也不是表面上簡單的一個日期的問題。因為這好像你要我回答，到底你的父親是什麼時候開始傷害你？但問題真的是在這個確定的日期嗎？反而這個日期的答案，可能是要我跟你一起繞在這個

具體答案裡，而忽略你心中的其它痛楚？雖然我不知道那是什麼？

後來我卻一直很想說出來你的某些問題，也就是我覺得應該告訴你，你根本是在逃避問題。就這樣子這句話盤旋在我腦海，我不認為我沒有在聽你說話，只是對於你所說的這些早年故事，好像是直接在陳述當年的受傷，我卻覺得你所說的都是在逃避問題。

好像我覺得有一個更真正的問題，那才是你的問題，而你現在所說的都是在避開那個問題。不過，我真的有這種能力和知識嗎，就算有，那是從哪裡來的想法，覺得你有個真正問題在他方？雖然我仍不確定那是什麼，就像我不確定日期的事那般。

也許我的專業讓我保留住，我一直想說的那句話，但我覺得我並沒有理由相信，我一定比你知道所謂核心問題是什麼。就像我沒有理由要硬塞個理論術語，說你就是那樣子，例如，你對父母的態度根本就是伊底帕斯情結的反應，如果我在這時真的這麼說，我覺得一定是我的問題，但我卻以你在逃避什麼的想法，想要告訴你這點，這兩者在這時有差別嗎？

後來你說你另換工作了，新的工作地點可能離家更遠，天啊，這是什麼意思？你又來了，毫無預兆地你又做了重大決定，而不曾提出來討論，雖然我也想，你可能覺得跟我談也沒有用，不如就不說了，是如此嗎？如果是這樣子，你又何必告訴我這結果？但是你的話所呈現的是，

工作地點離家更遠，這個決定除了反映某同事對於你的干
擾後，你所做的回應但結果卻是離家更遠的公司，就像我
不自覺得地想避開你遠一些嗎？這是你潛意識地告訴我的
嗎？

　　你覺得我沒幫你，或者是覺得我在攻擊你，尤其是我
一直想要點出來，你在逃避什麼。如果在這時候說出這句
話，這是句攻擊的話嗎？雖然我的話還沒有說出來，但你
接著說由於換了新工作，你因此需要更早起床，雖然你抱
怨長期睡不好，但是你已經做了新工作的決定，不讓我有
任何參與的餘地。

　　這些現象的浮現讓我腦海裡打轉的是，衝動想要指出
你「有問題」而且在逃避問題，你甚至讓自己更受苦，覺
得因別人的干擾而使你受害。你卻自己決定去更遠的地方
工作，變成你在虐待自己了。雖然你的回應好像印證了，
我原先一直想指出來的現象，你是在逃避。

　　「我猜對了！」，這是什麼意思呢？要猜對你有問
題，而且你一直在逃避問題，這很困難嗎？其實一點也不
困難，但是相對於我先前的急迫感，此刻你流露了讓我間
接確認的事件後，我是被潑了一盆冷水，突然清醒，但不
是讓我覺得你終於說出了，我一直想指出來的佐證。因為
我反而知道了，目前的情況下，你仍會堅持你是受害者，
堅持處在這個位置，而我的指點就變成了強行闖進你的世
界的施暴者。

　　當我想到這些時，我要自己暫停下來，不要一直想要

努力指出，你在逃避問題這件事。甚至當我想要指正你的逃避問題，有可能是以這指正要來取代你目前對我的感受，將我排除在外，你自己做決定而不是將想法提出來，一起思考和消化所呈現出來的問題。這轉移了你對於我的壓迫感，結果反而變成是我在逃避，逃離你虐待般的壓迫對待著我。

這些課題還有其它值得思索的，例如，治療者如何確定外在世界的「歷史眞實」呢？其實治療者無法做到，但這是個案的期待，也會讓治療者因此飽受煎熬，對於心理治療的侷限會感到無力，而想要有力做些什麼？例如，想要指正個案的逃避是個問題，其實治療者堅持工作的場域是，在診療室裡個案此時此刻的「心理眞實」，才是保護治療的最佳方式。

只是一般人和個案常不是如此期待，如果治療者冒然認同了個案帶有攻擊意味的想法，反而破壞了治療持續下去的可能性，因爲認定歷史事實的眞僞，並非心理治療者的能耐，而且在心理治療的過程裡，涉進了要判斷是否歷史事實，有可能是心理工作破壞的開始。

我最大的困局是你會同意嗎？你的同意是什麼意義呢？或者這涉及同不同意的問題嗎？

詩

台北的主義（短詩系列）

等於沒有人說話

他的舌頭伸出嘴巴／從地理學邊陲地帶
勇敢長出兩棵繡球花／紫色的心事卻四處詢問
紫色是什麼意思／紫色跟不開心是親戚嗎
是堂系的流浪／或表系的死寂

舌頭從下唇左到右／舌尖冒出兩個人的抱怨
悲傷的舌苔在捲舌／製造一口鐘聲
爲什麼沒有地方住／聲音有些微弱
因此／等於沒有人說話

舌頭再從上唇右到左／繞過一圈後
舌頭最深沈處的疲倦／有三顆星星輪流悲傷
走出夜色無力的胃酸／他可以從舌頭的虛無
猜出來是誰／推翻門牙掛起的抗議標語

（2014.06.30初稿）（2015.08.31再修）

稻田披在老人的肩膀害羞

陌生的她／每顆牙齒都穿著花俏衣服
為了出來看見別人給的陽光／一顆要臉上有濃妝
一顆要穿高中制服／一顆是女學生逛街的鞋子

完了／他真的相信
緊繃衣服裡／陷阱很深很深
很多互不認識的字／待在那裡納涼
等待城市哲學家／開始懷念最難轉彎的地方
需要寫三十五度斜坡的筆畫／是否不小心滑出時間之外

是　一片正直的金色稻田／披在老人的肩膀害羞
躲在涼亭下懷念雨後的蝸牛／數著走過的人
數著下一輩子塞在嘴巴的花苞／還有多少時間青春

(2014.06.30初稿)(2015.09.04再修)

重複被小便的古蹟就是廢墟

我們自己就是廢墟／偶爾唱歌／還會小便的廢墟／我們毫不猶豫趕緊腳步／摧毀別人的廢墟／只因半夜酒醉的路人／向著它小便／還不小心跌倒了

這樣子／我們不會有廢墟／不會有人亂小便／讓自己看見自己／就是廢墟／除了吃飯洗澡／還會想找人上床睡覺

沒有廢墟／就永遠不必知道廢墟／長成什麼樣子／自己就可以大聲說／這世界真是永遠變化莫測／因為廢墟就是廢墟／怎麼可能是古蹟

（2014.06.30初稿）（2015.09.11再修）

在九個幹走出嘴巴的文明前夕

終究／這個城市沒有背棄我們／我們卻差一點／就背棄這個敗德城市

這個城市沒有背棄我們／一度／我們只能緊閉心頭／原本有飛上天的願望／讓天上的人和神／聽到我們有感嘆／還在等待

這個城市沒有背棄我們／原本只能嘴唇微開／默默出聲／就算大聲嘶吼／也是無力的風／等待被背棄後／收拾自己臉頰上／已經乾燥的心聲

這個城市沒有背棄我們／我們剛刷牙／收拾沒有嘴巴的聲音／準備外出流浪了／有人來敲門／對我們說／各就各位／還有長路要走

終究／這個城市沒有背棄我們／我們卻差一點／就要背棄這個敗德的城市

（初稿2015.09.16）（再校2015.09.18）

觀看古蹟成爲一種反抗

如果人老後／陽具在夕陽下／曬成乾的廢墟／變成月亮昇起後／古里古怪的陰莖／就會有人想推倒它／不把它當做古蹟

有人說／但是／我們不會任意棄置陽具啊／眞的嗎／誰能確定呢／怎麼老是有審查會之類／開個會／舉手決定閹雞行動／爲了長得快賣相好

談論和觀看古蹟／成爲一種反抗／關於過去／反抗才是眞正核心／因爲反抗而不平靜／就堂堂打造出古蹟的驚悚本質／抵抗老去

（初稿2015.09.16）（再校2015.09.22）

敲著寺廟偷來的鐘聲

寂寞的風／背著嘴角染血的燕子／半山腰起點而已／還沒
有到肚臍啊／巔峰還敲著寺廟偷來的鐘聲／在前方等著別
人的快樂

這只是證明／我的心很好／看見燕子和一群人口角時／燕
子被欺凌的場景／可能肚臍的為人／開始有些壞事了

問它怎麼回事／只要大腸平平常常／會拉肚子／像拉扯前
夫多餘的包皮／做人不要做壞人／但是肚臍有兩個小人／
不這麼想呢

（初稿2015.09.16）（再校2015.09.28）

夢從此在佛洛伊德的高帽上炒飯

（大概是詩吧！）

(1) 夢說我不是拿紙筆所以不是詩人

只有詩人／能夠了解人的內心／夢就打造了三屋子的詩人／躲在小房間裡／耳朵緊緊貼著牆壁／夢彎腰做起永遠的詩人

我手中一根木麻黃斷枝／在空中比來比去／桌頭聽著三太子降臨的詩句／夢說我不是拿紙筆／所以不是詩人

一定要折斷波特萊爾的一行詩嗎／或只是另一種成長／不知是誰在成長／也不知我始終要跟夢比拼／誰比較了解人

（2011.05.15初稿完稿）（2015.10.03再校）

(2) 風只能安排自己躲在床下過冬嗎？

只有夢才是人／我不算是完全的人／也稱不上半個人

如果一陣風不比來比去／會有什麼結局呢？夢就不再是
夢？或者不再是詩人？「所以」詩人是半個人？這是好問
題／但夢說從來不管／「所以」的問題

風只吹著自己／這是風不會說的話

象徵解釋的方法不可能釋夢／如果一片落葉／只能象徵失
落的秋天／那麼風在夢的冬天／就走不動了／只能安排自
己躲床下過冬？

(2011.05.15初稿完稿)(2015.10.10再校)

(3) 夢是贏家永遠成功？

成功與否／取決於腦海中／忽然浮現的巧妙和單純直覺／
讓一灘水和一片海洋／是七十年夢中未見面的姐妹／
4415040000秒的淚水

夢到底會不會出錯／是贏家永遠成功嗎／會不會錯認了姐
妹

誰在精算／背景裡說不出口／一句髒話／可以打翻六家人
／共穿的一條褲子／尤其是六／很多很多人的意思

(2011.05.15初稿完稿)(2015.11.11再校)

(4) 沒有理由飛翔只靠翅膀

後來就出現裂痕了／雖然早在風出現的地方／煽情兩朵相
互陌生的花／製造花粉／要塞進半閉嘴唇裡／解救舌頭孤
單的命運

詩人上衣領口／飛出一隻鳥／沒有翅膀／卻在半空中飛行
／這是鳥嗎／這是飛行嗎

夢說自己沒那麼笨／沒有理由／飛翔只靠翅膀／如果兩個
影像間／隱藏最真誠的心意／翅膀都在那裡／練習休息閒
散

(2011.05.15初稿完稿)(2015.11.16再校)

(5) 時間卻永遠在背後拉肚子

也許感傷等於時間／想要搭建自己的夢／不小心流出口水
／夢卻拒絕扮演角色

當我們談時間／只為了說感傷／替自己裝了三隻腳當指針
／適合站在原地看天空／至於走路／是為了跌倒

感傷會消失／時間卻永遠在背後／拉肚子／著急要夢趕快
醒來

(2011.05.15初稿完稿)(2015.11.23再校)

(6)回到自己消失溫度的肚臍裡

還期待時間的老把戲／夢捕捉愈跑愈遠的一個杯子／跑成
高腳杯後／卻在原地大哭／這是人無法理解的情節

時間是會偷偷跑走的奇怪傢伙／不是追趕杯子／只要超過
杯子的影子／回到自己消失溫度的肚臍裡

尋找自己／卻是感傷／一直留在原地／隨人四處移位的原
地

(2011.05.15初稿完稿)(2015.11.30再校)

俗氣鄉愁便宜賣

（詩系列）

(1)鄉愁，一定要這麼霸道嗎？

需要有序曲。

鄉愁是一條很長很長的香腸，一輩子都吃不完的味道。

（反對的人靠邊站！不要掉淚來污染複雜心情。

鄉愁，一定要這麼霸道嗎？）

如果有人不相信，一定是他太悲哀了。

竟然不知道吃一口香腸，可以和自己的命運重新相愛。

有誰聽過，叫沙特的人曾說過：

人的生命，是從絕望另一邊開始的。

（沒有人去過另一邊。只有鄉愁回報二手佳音。）

問題來了。鄉愁有些不爽，被說成是香腸。

怎麼辦？總要有人出面跟鄉愁解釋，這比喻的強項。

做為人。終於領教了，自己不是主人。

鄉愁才是，或者，愁，才是。

繼續走下去，要加油喔！

原諒我匆匆結束這場序曲。
有一行淚水，排隊太久，開始爭吵打群架了：
要找到回家的路，回到眼睛裡，回味瞳孔背後的暗夜。

眼尖的人，一定看見三個回了。

(2010.05.09初稿完成)(2016.01.31再修)

(2) 專門話虎爛的，童歌

是那一滴淚水在群架裡，打贏了口水？

贏者，可以先回到鄉愁裡，五四三。
當然也可以，對著乾枯，卻假裝不想掉落的，壁虎，
唱一首，專門話虎爛的，童歌。

如果天黑後，不小心在鄉愁裡，
被自己唱的童歌，安睡了，
怎麼辦？有誰，能背起一滴淚水，離開老家嗎？

(2010.05.09初稿完成)(2016.02.16再修)

(3) 冒充當年，迂迴走來的，春天

在鄉愁裡要賴，依然不肯流下的，那滴淚水，
是最淺薄表面的勝利者。
硬把自己，擠成眼裡，永不黑暗的，一顆明珠。

為了，可以在捉迷藏時，躲在最黑暗的，睫毛深處，
翻滾，前天口袋裡，掉出來的青綠玻璃珠，用心事，燃燒
黃昏的悲傷。

是什麼？還在草皮上，滾來，滾去，
為了壓平，雜草亂長，冒充當年，春天，迂迴走來。

(2010.05.09初稿完成)(2016.02.24再修)

(4)藏著一度失手的羅曼蒂克

在鄉愁裡，耍嘴皮，能從鬆散不再聽話的皮膚裡，
釣出嘆息，幾斤兩的真面目嗎？

或者，只有不再帥氣的髮型，在風中，
回憶茂密的瀏海，獨守，

童年大拇指的，口味。曾流下兩杯，寂寞口水中，
一串串字，隨波逐流，
藏著一度失手的羅曼蒂克，順手拋售情懷，想家。
但是，這跟鄉愁有關嗎？

是命運兇險的跡象，沒有人能夠再回頭，
撿起一籃子裡，曾經擁擠的徬徨，如今空無一物。

(2010.05.09初稿完成)(2016.03.04再修)

(5) 多了一隻蜘蛛有孤獨

不再只想家，是想曾經家過的牆角，
多了一隻蜘蛛有孤獨。

仍在網羅，當年春天，
一無所有的花蕾，客客氣氣，隱瞞，今年不開花。

但是，不開花後，還能找到路，
回家嗎？沒有衣錦，掛肩膀上招惹陽光，
再來呢？

人生，對著童年，借來兩次哭聲，
撒嬌向別人要來，一份美德，兩份陰天，
卻從碗盤上，有缺角的花旁，
流露淡淡的，月色。

(2010.05.09初稿完成)(2016.03.21再修)

(6) 一陣鄉愁，打不過兩個逗點

先說問題吧，是不是鄉愁打贏了，
隨時要衝出來感動人，一層淺薄俗氣的淚水，
它就贏了全世界？
不過，有人大聲問，贏了全世界，
要做什麼？

什麼？為了讓一首詩，
能夠擠出眼眶。有兩個讓人討厭的逗號，
怎麼弄都弄不掉，

硬要淚水，暫停在它那裡，
喘口氣。

是那來的善意？
一陣鄉愁，打不過兩個逗點。什麼世界啊？

(2010.05.09初稿完成) (2016.04.14再修)

沒路用的人，在阿鼻地獄走錯路

（真傷腦筋，又是詩！）

(1) 每張封條背後，都有一個地獄多愁善感

請問阿鼻地獄怎麼走？他一定不是詩人。
這跟詩人有關嗎？完全沒有關係，那爲何要談到詩人？

因爲沒路用的人，肚子裡半朵被遺忘的花苞，
　　妒嫉詩人都到天堂受苦了。

爲了享受鷹架上腳軟的快感，沒路用的人
　　接受遠親舅舅勸告，捲起家角落兩把灰塵，出走。

把人生貼上藥妝店過期商品取下的封條，
　　封住右腳踝關節永遠不聽他的話。
既然無法去天堂寫至少三首痛苦的好詩，
　　就到阿鼻地獄掃地，聽說垃圾都有詩的封條。
每張封條背後，都有一個地獄多愁善感。

唉！

盲目的舉動，躲在他齒縫間，昨天相遇的速食店小弟，

　　卻看得一清二楚。

知道他就要去阿鼻地獄，享受閻羅王宴請

　　詩人葉慈和劇作家貝克特吃剩的慢食。

(2012.04.05初稿完成)(2015.09.19再修)

(2)刀叉上細緻的人生地圖

閻羅王多愁善感，喜歡站在水井旁問：
　　「是誰？幫他說了，不好笑的笑話？」
讓有路用的人很怕他
沒路用的人卻不鳥他
　　唉，誰知道呢？
閻羅王問沒路用的人，要一把打開過去的鎖匙？
他哭得像小孩子，這輩子不曾這麼哭過
　　剛出生時，不是傷心

沒路用的人，有沒有家可以回啊？
沒有人知道，他來無影，去無蹤
　　他要去阿鼻地獄，卻找不到死去的路
吃不飽，餓不死
這好笑嗎？
一點也不

如果不識路，沒路用的人會開口問嗎？

因為沒寫到他的食譜

　　　沒有寫出如何吃東西

　　　用什麼姿勢說話

尤其是面對路過的陌生人

　　　使用花色美麗的封面

　　　畫出阿鼻地獄裡刀叉上的人生地圖

（2012.04.05初稿完成）（2015.09.26再修）

(3) 至於臉色，要炒成無奈幾分

沒路用的人喜不喜歡惡作劇
　　沒有人知道
他喜不喜歡，坐在河邊
　　更沒有人需要知道，他的腳，伸進那條河
如果這條河叫做，忘了
　　你是誰

看著夕陽
　　沒路用的人是否需要，暗暗哭泣
沒有人知道，他會不會把夕陽打包，像朋友喜宴的剩菜
　　騙回家？
然後準備和它談隔夜的打情罵俏
　　還好找不到家，所以
無辜的夕陽，逃過愛情的災難

至於臉色，要炒成無奈幾分，要不要橄欖油？
　　放在多大盤子上？準備做宵夜
沒路用的人通常不會有意見
　　有沒有東西比較重要，盤子大小
鬼，才會在意

（2012.04.05初稿完成）（2015.10.02再修）

(4)他走在別人的臉色上，爬左爬右

他走在別人的臉色上
　　爬左爬右
以為是自己的嘴角
　　想轉彎，可以斜切二十五度向下
翻臉的六種色彩
　　卻鋪滿整條漫長的路

沒路用的人還有冒險精神
　　從地底挖出一本名著，提示走著別人的路
步伐要永遠小於三十公分

被偷偷埋下的詩集
　　沒有人知道是否被讀過，三行難以理解的詩
相距五十公分的兩個字，被沒路用的人前腳踩到後
　　就開始哀傷了

那是七十年前的哀傷

(2012.04.05初稿完成)(2015.10.09再修)

(5)殘存五隻恐懼社交的精子

說到哀傷
　　跟兩隻迷路的螞蟻有關
記憶跟路上泥巴
　　還是關係硬梆梆

螞蟻扛著被踩斷的一隻前腳
　　尋找放得下哀傷的土地，埋藏斷腳裡
偷渡別人的臉色
　　臉紅瞬間，可能是生氣，或害羞
也可以是射出精囊裡
　　殘存五隻恐懼社交的精子

什麼？
　　螞蟻沒有精子，這是螞蟻搬不出新把戲的原因
什麼？
　　大家都知道了
螞蟻是影射沒有囊巴
　　卻讓精子，沿著光復北路，灌救別人肚子裡的國家

果然沒路用的人寫不出價值高尚的詩

(2012.04.05初稿完成)(2015.10.16再修)

(6)他擔心臉頰長滿兩棵樹的秋天

沒路用的人想再哀傷一下下
　　他曾為一棵大樹，三滴野鳥淚水，五朵小花哀傷
現在要為自己悲哀
　　卻找不到九個有穿褲子散步的理由

真正有勇氣的悲哀
　　需要四個不好笑的笑話，迷昏細菌的口臭
擠在舌苔的黃昏路上
　　插枝種植，明年的枝垂櫻
做為指標找路回家

沒路用的人從來不怕回家
　　只是還沒找到，當年埋在樹下，一缸滿滿人生
他擔心臉頰長滿兩棵樹的秋天
　　回家時，讓別人無故悲傷，額頭上的青苔植物

(2012.04.05初稿完成)(2015.10.30再修)

小　說

我朋友許文賓的十五歲

1.

「南台灣的陽光一直是這個樣子。」

我覺得這句話絕對是適合做結論的好句子，也是描述南台灣陽光的最好說法。上世紀七十年代的前中期吧，南台灣的舊庄這個小村落，大家都還互相認識，大部分土地還是稻田。

但後來改變了。

村人們大多鼓勵小孩將來要離開家鄉，另謀發展才有前途的小村落，它後來的確改變了很多。

現在，如果你要我找出印象中的舊庄村，我必須坦誠地說：「一切都變了。」我很難給自己一個理由，可以完全清楚何以我需要做這些回憶？或者當我說回憶時，到底指的是什麼呢？只因為這些事曾在以前發生，或者它們的發生，讓我成為目前的模樣？目前我只想說，我就是有一種需要回憶的衝動，但不是想在以前的故事裡，找到目前某些情況的成因；只想嘗試在這些回憶裡，描述某種令我難解的人情世故。

尤其是夏天的陽光，將風也吹昏了頭，變得有些慵懶地掛在枝頭，連葉子也叫不動，如老丈人說的：「夏天的風比較笨，找不到窗戶吹進來。」

那是高中聯考後的第三天吧。

賓仔突然跑來找我，我也嚇了一跳，原以為小學畢業後大家就難再碰面了。他住在仁美村，那是離舊庄有一小段路的村落，不知何故舊庄村的人以前很少提到要去仁美村玩，而較常往中庄村、翁園村方向跑。因此仁美的小村落就被我們村裡的小孩忽略了。

我住的舊庄有省公路從村落邊緣切過，好像是一個有流動的村落，往南（往下）去屏東與枋寮，往北（往上）去鳳山與高雄。仁美是遠離省公路的一個村落，我甚至到了開始當精神科醫師的第二年，才想起：「是否往仁美方向看看？」我已經無法知道那時候我看見的「仁美」，是否就是賓仔當年住的「仁美」？雖然可以想像的是，由於它沒有瀕臨公路，因此是相當慢吞吞的發展，像牛車慢慢走過寂靜的角落。

「我剛剛又看到了那隻白馬，牠的翅膀垂下來，低頭在遠遠的那片竹林裡喝水。那裡有泉水從山壁裡湧出來。」賓仔開口說他的發現。

也許我會慢慢想起來，賓仔談這隻白馬的事，是從什麼開始的？這天我騎著腳踏車要去找二叔，在中途偶然碰到賓仔，他就在小溪旁的那棵土樣仔樹下。他沒有看見我，好像在想著什麼事，是我停下來跟他打招呼。我們就這樣談了起來。

在那個沒有冷氣機的年代，我們都熟悉如何避暑，那天的確是讓我相當難耐的夏天，只有幾片不太成形的雲，

像很沒有誠意的幾位小流氓，在藍色天空裡站著三七步，也好像水彩畫家在工作一天後，收拾畫筆時不經心地揮了幾筆白雲。

好像再怎麼努力，也撐不出有意義的一天。中午時候，農人們也都躲回家午休了。

那隻老鷹不知何時出現在天空。老鷹在天空裡上上下下飛揚，好像整個天空都是它的。

「我們卻還為了聯考有幾分而哀傷著，像受傷麻雀的恐懼，未來就要在我們面前，無情地關起門了。」我想著。

只見老鷹偶爾才動一下翅膀，就能上下自如。課本說老鷹善於駕馭氣流，我們以台語則說：「老鷹是『臘葉』，親像十二月冬天的葉子，在半空中，飄來飄去。」但是老鷹很難讓你找到它落下的地方，落下的臘葉則是可以撿拾起來，夾在書頁裡，要保存著某種難以說清楚的心情。

「唯一的方式就是將落葉撿起來，夾在書頁中間，等待來年的某一天，無意中再遭遇時，看看是否能夠說清楚那是什麼心情？」我想著：「也許我們就像小雞吧，看見老鷹時，趕緊躲入草叢中。」

我原以為賓仔要談高中聯考的事，因為我也一直擔心著成績，雖然考後當天就一題一題對過答案，應該考得很不錯，但離成績公佈還有一個月以上，變得不知如何過這種空白的日子。如果說是無聊的日子，似乎不止如此，但說真的很難說清楚那是什樣的心情？

我很高興再遇見賓仔。但我直覺不要談考試成績之類

的事。這個話題也從來不是我與他之間的話題。

「我最好站遠一點，不要打擾到牠，以免牠又飛走了。牠的翅膀好漂亮，常常想去摸摸看，我知道根本不可能。」賓仔說。

中午時刻，悶熱的天氣一直纏繞著這村落，我對於賓仔談這隻白馬的事，我一點也不會覺得不耐煩，也許是我從來不會笑他胡亂想，他才會跟我談那隻有翅膀的白馬。

「我原想跑去找你，告訴你白馬的事，本想先來告訴你，然後一起去看，但我知道等我們去時，他早就喝完水離開了。」賓仔說。

我覺得他好像要說些其它的事，但我不是很確定，也就沒有多問了，只是靜靜地聽他說「他的白馬」。

小溪裡的水流聲，充當沈默時的背景。

那天的白雲後來變得慵懶，一副膽怯鬼頭鬼腦的模樣，卻一直停留在那裡好像被關在門外。我可以感覺到自己的額頭，汗水從額頭被擠出來的樣子，賓仔也順手以右手肘擦拭額頭的汗水。

一群麻雀突然吵噪地從另一棵龍眼樹，飛到我們頭頂的這棵土樣仔樹。等他們都飛到後，卻又突然靜寂了下來。

如果使用超現實詩的寫法，也許可以說：「這些麻雀也飛過來了，他們想要靜靜地聆聽，那隻白馬，如何優雅展翅，飛到，我們不知道名稱的地方。」但是我想當詩人，已是高中以後的事了。

記得賓仔說過：「白馬一定不是住在仁美村，我已經

花了很多年去尋找，幾乎找遍了仁美村的每寸土地，根本找不到。」

我想，我從來不曾真正了解何以賓仔要講這些話，或者何以要花那麼多力氣去找白馬的住處？好像無事找事做，但是高中聯考剛過，怎麼可能以前會沒事呢？

就像我也不了解，何以我對這個白馬的故事，不曾覺得那只是胡謅出來的故事。我的確不曾如賓仔那般，想要去找白馬的住處，甚至也不曾去白馬常出現喝水的竹林。這一切好像仁美村是我們舊庄村的小孩常忽略的村落。

望著穿透芒果枝葉而落在小溪裡的陽光，我的心情卻莫名地哀傷起來，隨著流水帶來了令人哀傷的曲調。我很快地將那股哀傷，隱藏在溪水的聲音裡，我不想影響賓仔的心情，他今天看來是有話要說。

「我站在很遠的地方，靜靜看白馬喝泉水，偶爾搖著長尾巴。」賓仔說。他仍沈浸在那種愉悅的氣氛裡，額頭的汗水是愉悅的結果，而不是南台灣酷熱的溫度。

我們站在一棵土欉仔樹下，要一個半的小孩才能環抱的老樹，每年總是結滿果實，也是我們常會來玩的地方。

我完全忘記了阿公叫我去找二叔的事了。

「白馬曾有三次，微微抬頭看向我站的地方。隨即又低頭喝水。白馬好像已經不怕我了。」賓仔說。他說得連他的眉毛都皺在一起了，好像是太過於又驚又喜，喜卻是被驚給淹沒了。

「是否帶我去看看！」我突然出口說。

　　多年來我第一次如此回應，也許是被熱昏頭了吧，幾乎可以預期他會說：「白馬早就飛走了。」

　　我也不知道我何以那麼回應，但是我的回應似乎反而讓賓仔顯得有些不高興。也許他覺得那是「他的白馬」吧，或者說，「那是『他唯一擁有的』」。

　　我所以會覺得「那是『他唯一擁有的』」，應是當時的直覺吧。那是我們說再見後，至今，我仍殘留的強烈感覺。我書寫這篇故事應也有部分緣由是，覺得自己一直被卡於「那是『他唯一擁有的』」這句話裡，所隱含的無奈與無助吧。

　　當時我對這些感覺一無所知，甚至於無助與無奈的字眼，都是無知的，畢竟這不是平時村人會使用的話。我們常說的「吞下去」，一切困境只要像口水吞下去就沒事了。雖然那時候，仍常看見村人任意吐口水，倒是不曾聽過村人，說要將困境「吐出來」。

　　那年，我僅僅對於熾熱的夏天，感到煩燥。

　　賓仔很快收起他的不快，表示：「我已經有幾個月沒遇見白馬了，很高興今天又遇見了。」

　　依他的說法，他確定只有一隻白馬，這隻白馬似乎不是規律出現。從他的回應來看，他幾乎不理會我的問題，或者也可說他原諒了我的質疑。

　　「我必須走了。」賓仔突然這麼說。

　　他的說法加深了我的疑問：「難道我說想和他去看白馬，是在質疑他？他總是盡力要保護白馬，免受別人無謂

干擾？」但我告訴自己：「還是先不要再亂問了，我還不知道賓仔對我說這些，難道只是為了告訴我，他再看見白馬出現的愉悅嗎？」

遠處有另一群麻雀從另一棵蓮霧濃密的綠葉裡飛出來，吵雜地吱吱叫向另一棵蓮霧，同樣地在全部飛進另一棵後，隨即變得很安靜了。除了炙熱的陽光吵雜地說了很多令人心煩的話之外，天地之間在瞬間都歸給了安靜。就算小溪試著演出某種低沈深厚的回響，其實更像是要鳴金收兵了。

「我必須走了！」賓仔已第二次說要走了，卻依然站著未有啟動腳步的跡象。他說：「白馬後來在我沒注意的瞬間飛走了。」

原來的確是有事情干擾著他，使他變得這麼不安和不耐煩，這跟他以前對我說白馬的事時，顯得很不相同。今天，賓仔真的有些不尋常。

那隻老鷹依然飄來飄去，整個天空都是牠的，在這種氣氛下，我反而不便離開了，好像我們站在自己的土地卻寸步難行。

「我不要等考試成績了，我明天就要去枋寮做學徒了。」賓仔說。

他雖然只是有些失望的樣子，但這跟他以前完全不在乎任何事的態度，顯得很不同。以前我很欣賞他對一切事情都毫不在乎的模樣，隨時以笑話來處理不愉快的場景。

「明天一早，就要去枋寮了。」他拋下這句話後，隨即快步走開了。

　　那時候，我突然覺得，賓仔好像我看見的白馬，但他就要飛走了。

　　「再見了！」待他走過那棵龍眼樹後，賓仔回頭笑著說，好像他在那瞬間恢復了「常態」。

　　「再見了！」我也大喊。

　　我叫得這麼大聲竟然沒有嚇著藏在樹葉裡的麻雀們，難道它們也被午後的炎熱曬昏了？

　　我依稀聽見他常哼唱的歌曲＜媽媽請你也保重＞，從一點點微風的旋律裡傳來：「若想起故鄉目屎就流落來／免掛意請你放心我的阿母　／雖然是孤單一個／雖然是孤單一個」。

　　我牽起放倒在地下的腳踏車，右手把在陽光底下被太陽曬得好燙，我沒有將整輛車放在陰影裡。我只好以左手單手扶著車頭，騎回家，雖然陽光依然囂張，我慢慢騎車回家。「好像就要失去最好的多年朋友。」可能心情有些複雜，讓我覺得只是「好像」。

　　回家後，阿公還在門口，他問我：「有找到你二叔嗎？」。

　　我突然驚醒過來，趕緊說：「我騎了一大圈，騎到仁美了，都沒找到二叔。」

　　是賓仔帶我走了一趟仁美。那是我心裡面首次到了仁美村。

2.

「我是許文賓的朋友，小時候的朋友，他是令人懷念的朋友。」我不知道他現在在那裡，也不知道他是生是死，但我衷心期待，他應還在人世，雖然我們己經超過三十五年不曾再聯絡了。

「我叫許宏展，為了一個突然的召喚，想再跟老友見面，聽聽他臭蓋也可以吧。」雖然我的職業習慣，讓我知道事情不是如此而已，但我試著從較簡易的事情開始談吧。

他以前即常說：「我的名字是菜市仔的名字，有時候在學校叫聲『文賓』，會有幾個人同時應答。」這是他常出現的自我解嘲的方式，的確那時候全校師生裡，至少有八個人的名字叫做「文賓」。

在我們十五歲的夏天，高中聯考後那次碰面，我們就不曾再碰面。我還記得那年夏天，特別的悶熱，尤其南台灣的太陽是有名的熱情。最近我讀到卡謬的＜異鄉人＞新版本時，我總是特別注意與比較，不同中譯者對於小說裡關於陽光描述的場景。

我開始明確浮現想要書寫關文賓的故事，「也許是今年夏天的時候吧」，我這麼想著。雖然只是一個念頭閃過，像午後藏身樹叢裡的綠繡眼，成群輕聲飛過沒有白雲的天空後，隨即隱沒在綠色的大地裡。

最近大家在風行「臉書」，甚至可以找到多年未見面的朋友，因此，我想到「寫一篇他當年的故事，對著大家談他的故事。」。看看能否因此找到他？

「如果我對著一群人談他的故事，卻使用『你』做為主詞或受詞，那好像我在對著一群人談『你們』的故事，但我的確只想談『他』的故事。」我的堅持也反映著另一個想法：「這是個很個人化的故事，畢竟我印象中的那個『許文賓』，就只有他才是吧，雖然有很多人叫做文賓。」

雖然臉書的特色是簡短迅捷的互動，我仍然選擇大部頭式說故事的方式來溝通，也許是我後來的職業的影響，或者只覺得這是需要很慎重的事。「友誼得來不易，它像天空一片，需要白雲上場說些故事，這是人生五十歲的真正感受吧。」

由於很多人的名字叫做文賓，我又不想洩露他真實的姓，因此就叫他「許文賓」，我相信他若看了這篇故事，會知道那是他的故事。雖然我也冒著某種錯認與誤解的危險，這是我眼中的「許文賓」，而不是他自己心中的「許文賓」。何況雖然已經過了三十五年了，至今我還是很介意，不想重覆當年的愚蠢，要他帶我去看白馬這件事。

那時候，我可能太自大了，自以為高中聯考成績不錯，可能會上第一志願，無形中流露了得意吧。也許因為如此，讓我想到最好讓某些誤解，能夠被某些了解所平衡。

此刻想來，總覺得那時太侵犯了，那是他的神秘世界，我卻莫名其妙想要他帶我去看白馬，難怪他顯得不高興。沒有理由只因為我在學校成績好，就可以如此輕易冒犯別人的神秘世界。我多年的工作經驗，才讓我多少可以了解這點。

在十五歲那時，無法處理當時要分離的複雜感受吧。雖然賓仔所用的方式是如此特殊。我想著，多年來，一直沒有再碰面，是否因為此事使他刻意不跟我聯絡？

雖然我所說的故事，可能是很多人的共同經驗，如果我連名字也更改，屆時太多人說這是他們的故事，那也會干擾我原先只是單純地想找到他的想法。因此，他的名字「文賓」並沒有更改，但是那時候，我們都叫他「賓仔」，或者「『Come』賓仔」，或者「『GeKui』賓仔」。其實只要我說「『Come』賓仔」或者「『GeKui』賓仔」，我想在學校裡應只有一人，但只要你叫他「『GaKui』賓仔」，他通常不會回應，好像那不是他，雖然他也不會生氣，就只是覺得那不是叫他。

其實許宏展也不是我真正的姓與名字，是因為我的職業緣故，我不想讓外人知道太多我個人的隱私。但是文賓的名字不只一人，我因此比較放心保留他的名字，至少讓我在書寫這封召喚的信時，讓名字仍然存在更具有力道。

「要在這麼公開的臉書裡，尋找多年來的私密與神秘，這種屬於兩人之間的故事，是否是可能的事？」我這麼想著：「也許這是何以我從夏天考慮到冬天來臨了，才實際上著手這件書寫。」

十二月天，寒流正從台灣的北方而來，氣溫九度。這是今年的第一道冷鋒。我想著，也許我需要以南台灣夏天的感受與想像，推動我在寒冷的北台灣開始回想賓仔的十五歲這件事。

3.

　　有一天。

　　離高中聯考不遠的日子了。我經過操揚時，遠遠看見有一人，正站在操場中央。那天太陽很囂張炎熱，形成一股熱氣到處流竄，形成操場上一片迷迷濛濛的景象，再加上我的近視，我並未知道那人到底是誰。雖然事後回想起來，我當時應有一個感覺：「這個身影有些熟悉！」但我當時並未追索這個微細出現的想法。

　　那是約由六百公尺爲圓周，所構成的橢圓形的操場，中間是綠地草皮，有些地方顯露出黃土，應是草皮沒長好的地方吧，同學們較常在那裡活動，讓綠色的背景裡，呈現一種不太協調的土黃搭配。

　　操場的長邊靠教室這邊，有一個有頂的平台，在平台頂的橫面上，水泥底用紅色油漆，大字寫著：「司令台」。我到就讀醫學院後，才眞的明白何以要做「司令台」。這個採取自軍隊的名稱，因爲司令是軍隊裡高階的軍官。這個司令台約有一公尺高吧。

　　我看見司令台上有位男老師坐在椅子上，往操場中間看著。平時，司令台上是空蕩蕩的，因此那老師所坐的椅子，應是老師爲了什麼特別的事才會在那裡放著那把椅子。

　　老師幹嘛坐在那裡？我相當好奇，由於我是從操場的短邊走過，正趕著將收齊的同學的筆記本，送到英語老師的辦公室。因此也不確定那位老師是誰，只見模糊影像，應是男老師，因爲也只有男老師的坐姿，會身體半躺椅子上，雙腳

前伸，彷彿要將身體坐成立正站直時的姿勢。

　　我再回頭瞄了一眼站在操場中央的那個人。身體姿勢像是立正站立，但似乎站成有些像是稍息的姿勢，只是好像手是垂下的。應該是叫做不太甘願的姿勢吧，我想著。

　　老師的坐姿，就算是坐著也是正氣凜然吧。

　　兩種人的姿勢合併起來，我知道：「一定有人被罰站操場了」。這些想法與觀察其實只是瞬間狀態。太陽正在大清倉拍賣，要將所有光線產品儘快賣完，我只得快步走過操場。走上教室的階梯前，我好奇地再回頭望向操場中央的身影：「好像是熟悉的身影？」

　　上了階梯後，在房子的陰影裡，突然變得涼爽起來。在太陽的淫威下，我已經失去了想像如何射下幾個太陽的能力了。我抱著一疊筆記本，往英語老師的辦公室走去。這是一趟神聖的任務，我是天神派來的天將，負責將英語家庭作業送到天庭裡。

　　會走到這一棟行政辦公室為主的三樓建築，只有兩類學生，一是像我這種一向自豪的好學生，專門幫老師做些事的學生。另一類學生則是常被老師、訓導主任或訓育組長叫來罰站或青蛙跳的學生。我覺得這種分法怪怪的，也是很後面的事了，因為這種怪怪感覺的浮現，讓我有機會思索這是怎麼回事。

　　在那個時候，這種怪怪的感覺像個重要的小火苗，需要在心裡好好保護，不然常只要一出口，話還沒說完就被風吹熄了。

然後，你就會變成第二類人，偶爾要在中午時刻，到操場練習跑步「鍛鍊強健體魄」，這才符合訓育主任常說的：「操場就是用來操練的，不操練成不了鋼」。以現在的語法來說，在那個時候，「其實我們對這些說法都會買單」。

「何必每個人都要成為鋼呢？」這想法不要隨便跑出來，最好是已經不怕操練的鋼時，這個想法才浮現。如果說：「那時候，我們處心積慮要成為鋼。」不過回想起來，這種說法距離事實並不會太遠，以當時同學間流行的說法是：「只要你稍微跑一下，你就追上了」，這句話也是訓育主任的口頭禪之一。

我從一至三年級畢業，一直是屬於第一類者。我的得意要到高中後，才覺得有一點點羞愧，再加上一點點的羞辱感。這與我在高中後，開始秘密地想成為詩人，不知道是否有什麼關係？在那個時候，「詩人也不是什麼好東西」，這是我自己的想像。甚至至今，我在內心很深的深處仍暗暗覺得，寫詩「仍是一件秘密的事」，就像健康教育的女老師說的：「偷偷手淫有害健康。想要手淫就到操場跑步。」

難道是這種說法讓那些被處罰到操場跑步的學生，常常顯得很羞怯不安，很怕被看見了，也許擔心被誤認為有手淫衝動，才去跑操場發洩。難道跑步者這樣子跑步，就會讓精子累死在精囊裡出不了門，不再想藉著手淫衝出來嗎？

　　這讓剛剛看見有老師在監視的罰站，有時候反而成為「勇猛」的象徵，也許是因為有老師監視的，一定不是有手淫衝動的人，或者是精蟲很勇猛，需要老師緊緊盯著以免精蟲出來作怪？

　　「是否有人為了不讓人看出有手淫衝動，而故意找麻煩，被老師處罰？」這是我此刻的幻想，但是「這得確定處罰時，一定要嚴重到有老師監視，不然不是糗死了？」

　　此刻我認真思考：「也許這是重新觀看當年處境的一種視野。」我喜歡這句文謅謅的話。如果要進一步推論，我會想說：「其實是這些歷史在監看我們，我們很卑微，甚至連手淫這種私人衝動，都必須私藏在自己腳底，讓太陽的陽光不論何種角度，只能照到鞋子，如果是打赤腳，也不能藏在腳縫裡。」

　　我很喜歡這個奇怪的論調，它說到了什麼，雖然說出後，我發現它有更多難以了解的意思。

4.
　　走廊很長。

　　燈光有些陰暗，陽光被拋出了這個世界，只留下一些殘存走不動的光線，賴在地板上不想離開。

　　我從英文老師的辦公室走出來，往左轉，那是我剛進來的方向。我稍望向右邊的長廊，很安靜，這是一般學生的禁地，除非有被召喚來這裡。

　　快上課了，我就快步走往左邊不遠處，有陽光在盡頭，

準備回到在另一棟的教室。當我快要走出長廊時，長廊另一頭傳來了急促的聲音：「快點！快點！送到保健室，把他的衣扣解開通風。」幾個人急促快步走的聲音混合著。我回頭看，太遠了，我只模糊看到兩位同學前後以軍用擔架抬著人，另外一位老師跟在旁邊快步走著。

　　我回頭望了一眼。心想：「快上課了，我得加緊腳步回班上了。」我快步再穿過操場時，剛在操場中央站立的學生不見了，司令台上那位坐姿像全身挺直的老師也不見了，只留下一張空椅子在司令台上。

　　南台灣的午後，太陽還很忙碌，很留戀著這地方，仍不捨得走回地球的另一瑞。

　　「難道，剛剛被擔架抬去保健室的人，就是剛在操場上那位嗎？」我想著：「發生了什麼事？」上課鐘聲快要響了，我加緊腳步回到教室。在我要踏上陽光與陰影之間交界的階梯時，我突然浮現想法：「操場上，那位有些熟悉的身影，是賓仔！」這個想法讓我變得焦慮不安，雖然我仍信步走回教室，那裡是陰涼的地方。

　　生長在陽光的地方，但我們卻更喜歡陰影。也許整個村落與學校，就是陰影，適於苔蘚植物的生長。

　　但是，陽光卻從不讓步。

　　「起立！」我喊著上課前的口號。

　　數學老師已經走入教室，他的必備教具是一根長約三十公分與八公分寬的木板，那是處罰時打同學屁股用的重要教具，「這個教具比嘴巴講還管用。」這是數學老師的

名句，好像是說二加二絕對大於四。有一次，他忘記拿走時，我們偷偷拿尺量了木板的長短，當時有人說也要稱稱重量，因為沒有量重計只好取消了那個想法。

「敬禮！」

同學彎腰敬禮，數學老師也是會彎腰回禮的一位。

「坐下！」我再喊著。

那一次，還有人提議：「我們把這根教具偷偷拿去丟掉。」但有人表示不同意見：「不行，老師一定記得放在我們班上，如果讓他找不到，大家就倒霉了。」後來，我們還是將教具放回原來的位置。

「真的是賓仔？」

我跟賓仔雖然住在隔壁村莊，就讀同一個國中，由於我就讀所謂的好班，他則是在成績較差「等待被淘汰的後段班」。因此就無法像小學時那般常碰面了。這個疑問很干擾我上課，尤其是數學課很需要專心聽講，這位數學老師有一些有趣的說法，讓我們可以較好記住數學公式。

還記得小學時，第一次認識賓仔，是在某天早自習後，正式上課前的升學典禮時，那是四年級下學期吧。他是轉校生，第一天到校，穿著有些髒亂，卡其布上衣皺得像酸菜，也像村裡老人的臉皮那般，卡其褲上也有好幾個油漬斑駁。沒有穿襪子，黑色膠鞋腳指的地方，有一個小破洞。也許這不是很稀奇，同班級裡不少人就是這樣，但

是他壯大身材配上這些，的確顯得很突兀。他比班上任何人都高出一個頭吧，但是他的害羞神情，和他的高大身材卻很不搭調。

「把手指伸出來！」導師叫賓仔。導師要做例行的指甲檢查，如果沒有定時修剪就會被處罰。「許文賓！你的指甲怎麼那麼髒！」賓仔大概被嚇著了，嘴巴要解釋什麼，只見嘴唇微動了一下，就像困在淺灘裡瀕死的吳郭魚，嘴巴動啊動，卻是無效的呼吸。賓仔將手掌握緊，快速縮回放下。

「你幹嘛！要打架嘛！手握那麼緊！」導師吼他。

「動物園的獅子大叫，也不過如此吧。」我想著。雖然我們根本不曾到過課本裡好玩的動物園，那時候，我只是背住書本上所寫的，與書上所刊出的幾張圖像吧。那時候，連胸前有長毛的獅子或老虎，都還要硬背起來的圖像動物。

賓仔將手伸出去。那瞬間導師突然以一根小竹棍，打在賓仔的手指節背面，大家都不知道，導師剛剛將小竹棍藏在那裡？雖然私下大家會傳說：「那根不是竹棍，是他的濫鳥仔（陽具）。」多年來，還好導師不曾聽過這句傳言吧，因為他不曾提出來數落過我們。

「再伸出來！」

賓仔只好又伸出手去，他的膽怯與害羞卻不見了，變得淡淡然一副不在乎的樣子。我想：「完了！導師最討厭那種表情，他一定會被多打好幾下。」

「手翻過來！」賓仔這次將手掌面向上，導師要他翻成手掌面向下。導師又快打了一下。還好導師後來沒有再打。「還好，老師沒有看到他的表情。」我想著，不知何故，我對於賓仔似乎覺得特別親近。

「怎麼沒穿襪子！」導師看了他一眼，然後說：「去司令台上罰站。」賓仔還不知如何做而站著不動，導師又說：「還不快跑去罰站，第二節上課鐘聲響了，才能回教室。」賓仔還楞在那裡，站他旁邊的賢仔用手推了賓仔一下，賓仔才醒過來，往司令台方向跑去。

那時候，已有九位別班男同學罰站在司令台上了，因為全校在升旗後的清潔檢查日。只見賓仔跑到司令台後，沿著階梯上了司令台，就直接站在階梯旁。在司令台上的訓導主任叫賓仔：「排到那裡去，立正站好。」賓仔才跑到那九人旁邊對齊後站著。

這是賓仔從別的學校轉來的第一天。

後來，導師就說：「今天就檢查到這裡。」也許是賓仔救了大家，因為導師看來滿臉生氣。我們是這麼說的：「導仔的面，親像被牛屎抹到了。」但是不論如何，原本每次衛生檢查時一定會被打手指節的同學，一定很感謝賓仔是英雄，雖然他根本沒真的替大家做了什麼事。

這是人世間的奧秘吧，只因為有人代替大家受處罰，那也是英雄。這是我後來在希臘神話裡，看到了替人類從天庭盜取「火」到人世間的英雄普羅修斯，被上天處罰，他的肝臟不停地被老鷹啄咬。這隻老鷹是遭天譴，只能重

複咬食普羅米修斯的肝臟，變成天神處罰普羅米修斯的工具，或者那是優美落葉的英姿，以神之子做爲自己的食物？我從來都不是英雄，因爲我總是依循大家所訂出的標準分數走，就算是成績第一名，也不見得是英雄。

那一天，陽光也是被天神派來世間吧，以它的光亮與炙熱，要來處罰那些光天化日之下的人們。導師往司令台方向走去，和一群老師站在一起，那裡有陰影。陽光的國度，但我們喜歡躲在陰影裡。

後來，訓導主任發令：「解散！帶隊回教室！」我看見，陽光已經逐漸照到司令台階梯的最上一階了，再不久，陽光就會普照整個司令台了。

「四年忠班班長快到司令台！」訓導主任透過麥克風喊著。

我聽後也滿懷納悶，但趕緊跑去司令台。那時候，我們班上正要走出陽光，副班長自動出來帶隊。

「班長，快過來，將這位同學扶回班上。」訓導主任叫我這麼做。

原來是賓仔站沒多久，就中暑而昏倒了。沒想到這位奇怪的高大英雄，竟這麼不耐操，一下子就中暑了。我跑去扶起他，被罰站的幾位同學已將他的上衣紐扣解開了，有一位以手幫他搧風。一位被罰站的同學幫我扶賓仔下了司令台。

「快站好！排整齊！立正站好！」訓導主任訓斥賓仔昏倒後，在司令台上亂成一團的學生們。

　　還有幾位同學，像麻雀在風吹之後，迅速找到枝節就定位。被罰過站的同學都知道，這場混亂的場合最受歡迎，大家可以趁此機會動動手腳，不然若是亂動，搞不好會被延長罰站時間。因此，賓仔又再次當了英雄。自動與我一起扶賓仔的三年級生，趁機和我們走下司令台，沒有回到司令台上再立正站好。

　　我們扶著賓仔往教室走。他仍是昏沈沈的。扶他下了走廊後，他就清醒過來了。那位三年級生見賓仔醒了，就表示要回班上了。

　　「你是誰？」賓仔問我。我回答：「我是班長，許宏展。」他要自己走，不要讓我再扶著。「宏仔，多謝。」我校正他說：「我叫展仔，不是宏仔。我是班長。」不知道何以我要提醒我是班長。他說：「我叫賓仔。」

　　這是我們第一次認識的場景。我們一起走回教室，雖然我一直不確定是否他已沒事了，而一直警戒著瞄著他的狀況。他是一副輕鬆狀，好像剛剛的事早已隨風飄散了。

　　進教室前，他先在走廊上的洗手台以雙手掌合起來盛水，往臉部與頭上淋，然後頭與臉左右搖晃，好像麻雀碰到水後，抖動身體將水弄掉。

　　「宏仔，我等一下告訴你，我碰到一隻白馬的事，有翅膀的喔。」他又叫錯我的名字，但我未再校正他。

　　他說得很神秘的樣子，除了課本上的圖畫，我們根本不曾看過真正的馬，更何況白馬而且還有翅膀。我並沒有將他的話放在心上，覺得他是在胡扯吧，我心想著：「我

也有一隻白濫鳥，它沒有翅膀。」我不曾說出來這句話。
我們都知道，台語叫陽具為「濫鳥仔」，我若說出那想
法，就變成了大搞笑了，但也不好笑，因為濫鳥仔當然沒
有翅膀。

那一天，和我從司令台陪他離開陽光的另外一天。

後來聽班上同學說：「三年恥班的許文賓，很厲害，
硬是替大家被訓導主任處罰，在操場上罰站。後來聽說他
在太陽下站不久就昏倒了，被送到保健室。起初訓導主任
還一直說他是假裝昏倒。」

「原來，在行政大樓長廊看見被擔架抬進來的人，就
是賓仔。」我想著。降旗典禮後，訓導主任呼叫：「三年
忠班許宏展迅速到保健室。」

5.
　　當我趕到保健室時，看見賓仔坐在近門口的椅子上，
臉色有些蒼白，神情有些疲倦。看見我後，隨即站起來。
我不知何以叫我到保健室。賓仔的導師告訴我：「你和許
文賓住在附近村落，你陪他回家。」我知道三年恥班導師
的意思，隨即點頭表示：「報告老師，我會送他回家。」

　　這位恥班導師是出名的兇悍，但對我如此客氣，我也
覺得不安。以前常聽賓仔說那導師常罵他們：「你們這些
恥班的同學，還在亂混一通，真是不知廉恥。」我想：「被

編在廉班與恥班的同學真是倒楣極了。」

　　我就讀的國中是公立學校，依學生的學期總成績編班，每班約五十人，依成績排序分成忠孝仁愛信義和平禮義廉恥，共十二班。恥班是最差的後段班，一般人叫這些後頭班級為「放牛班」。這是很有農村在地風情的稱呼，雖然這個國中在鳳山市區，有養過牛的人都知道，只要將牛放在草地上，牛就會自行覓食，通常不需要人去看顧它。只是「放牛班」的同學，被放在水泥地上，沒有草可以吃的地方。

　　我必須承認，在那時候，我不曾花力氣去了解這問題，尤其是我從國小起一直都是在最好班，我是常從賓仔那裡，才了解這些放牛班的學生，到底是怎麼回事。但是我至今仍認為，他和某些放牛班學生的為非作歹有所不同。我想我需要談更多，我對他的了解，才能讓大家了解我的看法，我不認為這是因為，我和他從小學四年級起，一直是好朋友的緣故。

　　出了保健室後，我們還在走廊上，賓仔隨即恢復他慣常的幽默：「你知道老鷹的事嗎？」

　　我喜歡他的幽默與機智，那是我在書本上不曾學到看事情的方式，我也曾好奇問他：「你的想法是那裡學到的？」他會有不同答案，例如：「我也不知道，反正它就出現在腦袋裡。」或者 ：「白馬告訴我的。」或者：「老鷹告訴我的。」或者：「我阿母教我的。」由於他總是說得很肯定，除了他阿母教他的外，卻是讓我覺得不可思議。

我們走過了導師室，往長廊盡頭的夕陽方向走。

還來不及等我有回應，他即說：「當我知道自己中暑快要昏倒前，我就開始看見天空的老鷹，我的身體開始像老鷹，在天空中落葉一樣，飄啊飄啊，隨意飄到哪裡，就飄到哪裡。」

印象裡，從小學四年級開始認識賓仔後，就常見他被老師或訓導主任罰站，也常見他中暑昏倒被扶到保健室休息。在小學時，他身高是163公分，那是全班最高的，當他昏倒時，總得至少兩人才扶得動。但是他身高到了國中仍是如此，而我從小學150公分，到了國二那年突然在短時間裡長成175公分。

當時每天早晚都要升降旗典禮，常在週一早上有全校的週會，常常要站在太陽底下，聽校長或訓導主任等人在司令台上訓話，至少五十分鐘或以上。這得看他們的心情，通常是他們心情不爽而罵人時，週會就會佔用到下課時間，或者他們很高興時，也會講得超過時間。

大家都以為這是理所當然天經地義的事。這也是何以那個高起有頂的平台，叫做「司令台」的緣故吧。學校也得像軍隊。既然連天與地都扯出來了，也就沒什麼好說的，倒是賓仔對於天經地義的事偶有不同的想法，我雖喜歡聽，但心中可能仍不太相信他的想法。

由於中暑前，常見同學都會先不自主身體搖動，旁邊的同學也會隨即扶住對方，因此也少看見有同學因為中暑昏倒，而撞到地上去。同學們也都早就學到只要扶昏倒的

學生到樹下或陰涼地方，打開上衣鈕扣，並拿扇子扇風，昏倒的同學就會漸清醒。

久而久之，同學們都會知道哪一天誰會再昏倒，也就會特別注意那位同學。如果有人說：「台灣人的熱心助人是這樣培養出來的。」雖然過於簡化，但我傾向同意。因為只要週一的週會開始，一定有一些同學開始警戒，是否今天某位常昏倒的同學又會再昏倒。

此刻回想是覺得很奇怪：「何以不讓那些同學，在週會時，免除站在太陽底下，不就好了嗎？」顯然的，這個過於簡單的解決方案，在當時，更像是個「大逆不道」的挑釁，也許這是在當時根本不曾浮現這個想法的緣故吧。顯然的，我們那個時代是有集體對策，那就是保持警戒注意周遭常昏倒的同學，不要讓他撞到地面。

因此，在週會後常聽到這種說法：「今天我在他第一次身體搖晃時，就把他扶住了。」當然啊，有人昏倒後，就有人可以也藉機扶持昏倒者到陰涼處，那麼扶持者當然也就免於曬到太陽，就算是一小陣子也好。

賓仔在昏倒時的老鷹理論，他已經提過很多次，他總是故作神秘狀問我：「你知道老鷹為什麼叫做臘葉嗎？在空中飄來飄去，我覺得我的身體很像那樣子，真的覺得自己很像老鷹。」他偶會說，這是他阿母跟他說的老鷹故事，但是直到我坐在書桌前回想這些事，我仍不曾見過他家中的任何人。

由於賓仔在小學時顯得身高體大，我對於他的老鷹理

論飄逸如臘葉，總是覺得格格不入，但是國中後我的身高和體重都超過他，我就突然了解他的老鷹理論了。

在長廊上遇到了我班上的導師，我與賓仔舉手於右眉邊，說老師好後，我們往校門口走去。我第一次問他：「老鷹在空中飄來飄去，那是多麼美的場景，但你的老鷹理論是如果不小心會跌落地？」也許這個問題的背後緣由，是我在高中後開始覺得自己應該是當詩人才對。

這是一個會笑死人的願望。

好像賓仔的老鷹理論破壞了我的老鷹想像，但賓仔曾說那是他阿母說的，我問得有些膽怯，因為我不是要質疑他，是好奇他會怎麼說？畢竟從認識他以來，每每訝異他對生活事件的不同觀點。或者說，賓仔的說法總是不同於課本的說法，這讓他的作為，對我來說總是挑起我的好奇。

「那就是臘葉的命運！」賓仔如此慎重的回答，反倒讓我嚇了一跳。

我想著，以前的確不曾如此想過，看見老鷹時，總是想著牠在空中飛揚的高傲姿態。老鷹總是孤隻地飄來飄去，偶爾見牠突往下衝，然後又往上，爪子上有隻雞正在掙扎。

「你也知道的，老鷹愈來愈少了，牠的命運已經在墜落中。」賓仔說。我必須坦白，在那個時候，我仍是一知半解，我只想著我的高中聯考，至於別人的高中聯考都難以關心了，怎麼會輪到一隻在天空飛來飛去的老鷹。那是我以為的「老鷹飛揚的日子在前方」。賓仔的說法的確衝擊我很大，現在來回想，賓仔仍稱不上什麼哲學家，他不

是那麼嚴肅地陳述，只是一些片段的機智與靈光。

　　「也許賓仔的這些想法，就像是空中的臘葉吧！」這是我目前的想法，最近回到舊庄老家，已經很少機會看見被叫做「臘葉」的老鷹了。

　　我想了解賓仔發生了什麼事。我直接問他：「怎麼會被罰站？」。

　　「還不是為了一個『落翅仔』，那是他們兩個人的事，卻把我牽扯進去，真衰啊！」賓仔說。他說完後似乎不想再多談，好像也沒不爽訓導主任。在坐車回家途中，他是有一搭沒一搭地回應我的問題，為了在這樣的情景下，能夠清楚這場罰站是怎麼回事，需要另做不少背景說明，才能了解它，我只好另做說明。

　　後來，公路局的舊庄站已經快到了，我準備下車要往前擠了，但賓仔卻沒有下車的意思。他的導師交待我要送他回家，我催促他一起下車，他卻動也不動。

　　「我要搭到下一站！」賓仔表示。

　　「你要回家，怎麼要下一站才下車？」我知道他不是頭腦不清。

　　「不要管我了，你先下車吧！」他命令式地說。

　　「不行，你導仔要我送你回家。」我拿他導仔的話來當做令箭。

　　「真的啦，你先下車，我會自己回去。」

　　「不行，我答應你導仔了。」

　　他見我的堅持，只好跟著我擠下車。由於他家在仁美，

公路局車下車後，得先經過我家，他可能得再走至少半小時，才能到仁美。我原要跟他走回去，但這次他更堅持，甚至有些生氣了：「可以了啦，我要自己回家了。」我堅持走向回我家的小路，但他更堅持：「宏仔，你可以回家了，我也要回自己的家了。」他仍然叫我宏仔，小學至今我不曾再校正他，我不是宏仔，同學與家人都叫我展仔。

我到現在才稍稍了解為什麼他不讓我送他回家。在那時候，只是模糊的想法。從一開始至今，我們都只聽他說過他阿爸如何，阿母如何，但我們同學至今沒有人見過他們，這在當時人和人間的互動很少如此。沒人去過他在仁美村的家。

我那時候只好接受他的說法：「你回去好好讀書吧，不要浪費時間了。」他的話打中了我的心，原先我基於朋友加上他導仔的交待，我要完成這件任務，但當他提醒我讀書，這理由使我醒了過來，我很快就讓步了。

我說：「好吧，你要小心。」

他鬆了一口氣但仍平淡地說：「搞不好，白馬會陪我回家。」很可惜我到了高三時，才知道達文西的名畫＜蒙娜麗莎的微笑＞，如果能夠畫出賓仔那瞬間的神秘笑容，絕對比蒙娜麗莎的微笑還更精彩，可惜我不是達文西，但也還好我不是達文西，讓我思考其它方式，保有那種神秘的笑容。

賓仔站著，看我走向回家的小路，他才走。我想：「也許他不想我追著他吧」。

當我向前走時，隱約聽到風中傳來的歌聲：「若想起故鄉目屎就流落來／免掛意請你放心我的阿母／雖然是孤單一個／雖然是孤單一個」

6.

我試著重建賓仔在我送他回家的公路局車上，他所描述的事的前因後果，這些描述有以前所聽說的情節也聯在一起。

這需要從賓仔被罰站的前一天說起。

降旗典禮後，同學們有的放學回家了，但國三學生通常需要留下來自習，另有些人會再去夜間補習班。雖是夏天的傍晚，南台灣的太陽仍然在高雄西子灣那方向，以它的餘威震撼著大街小巷。

鳳山是高雄往南方向裡，最大的一個市鎮，鳳山街道在傍晚時刻，更是人與車交織而成的沸沸圖像。我就讀的國中學校圍牆外，有四線道的省道經過，越過省道後走入一條街道，不遠處即有一個很大的傳統黃昏市場。在傍晚時分，更顯得熱鬧。

對於住在舊庄村的我，小時候，當我們要去鳳山時，我們是說：「要去街仔」。雖然鳳山與舊庄及仁美有一段距離，我們這兩村落都被編入就讀鳳山國中，已經不必有「初中聯考」就可進入九年義務教育的國中。

賓仔表示：「我下課後，想去黃昏夜市買一杯冬瓜茶。」他在越過大馬路後，為了閃避一輛急駛而過的機車，

他的書包因此掉在地上。他趁沒車時，趕緊撿起書包。後來有位穿著很像「落翅仔」的女孩，以台語問他去某新村如何走？

「落翅仔」跟老鷹在空中飄來飄去是不同的，這句詞是指年輕女孩當「太妹」的意思，在街上飄來飄去的女孩。「落翅仔」是台語說法，「太妹」是國語說法。

當時稱呼什麼新村的地方，通常是至今仍紛擾台灣的族群議題裡的「外省人」的聚落。事後，賓仔仍好奇地說：「這位說台語的落翅仔，要去外省人的新村做什麼呢？」但是賓仔堅稱，那只是瞬間的好奇而已。

賓仔指著那位女孩詢問的新村方向。

剛好賓仔的同班同學黃來辛路過，看見那位女孩與賓仔說話。黃來辛對賓仔做個曖昧的表情，問賓仔：「那個落翅仔漂亮查某囝仔是你的朋友嗎，要不要介紹我認識一下她？」賓仔不想理他，仍往夜市方向走去。沒想到一位操外省口音的男孩過來，就說：「他媽的，什麼落翅仔，那是我『妹妹』。」這裡的「妹妹」要聽的是說話的口氣，是指女朋友的意思，那時候說「女朋友」這三個字是很遜的意思。

賓仔一直跟那男子說道歉，沒想到黃來辛卻回嘴說：「這有什麼好屌的，就是一副落翅仔的樣子。」。那男子很不爽地說：「你給我記著，我會給你好看。」黃來辛回嘴：「誰伯誰啊！」黃來辛因為有賓仔在場就變得很嗆聲。那像落翅仔的女孩聽到他們的相罵聲，回頭看著他們，對

那男子說：「不要管他們了，走了吧，大仔在等我們。」
那男的再回頭看了黃來辛與賓仔一眼，懷著不好意的神
情，盯著他們校服上的名牌，趕上那女的就一起走了。

　　賓仔沒特別在意這事，雖然他一直在後段班的恥班，
但他不曾與這些混混們在校外亂混。他與黃來辛說再見後，
直接往夜市走去，他要買他最喜歡的冬瓜茶。

　　隔天中午，當賓仔要上廁所時，只見三年廉班的王中
任故意撞他肩膀。賓仔避開，仍逕自往廁所裡走去。當賓仔
從廁所出來時，已有十幾位外省口音的男同學，不懷好意地
瞪著他。他們圍著賓仔，故意挑釁他說：「你很騷啊，在別
人的妹妹面前裝屌。」賓仔才知原來是昨天的事，他覺得跟
自己無關，因此要閃過他們回教室。黃來辛剛好上廁所，看
見賓仔被一群人包圍著，他就跑回教室，叫了一群人，這群
人剛好都是台灣口音的同學，約有二十幾個人。

　　這十幾位外省口音者　，見對方人多，就說：「到操場
去見真章，有膽量的話，就不要溜掉。」黃來辛回嘴：
「不要只會欺侮老實人，我們到操場去。」結果走到了操
場時，雙方的人馬不知不覺之間，又各自增加了不少人，
雙方各有三十幾人吧。賓仔不曾參與過這種打架場面，雖
然他早就聽說這種在操場打群架的事，通常是分成外省與
本省兩群人互打。

　　一到了操場邊，還來不及準備出手，賓仔就被莫名飛
來的一拳落在右臉頰，讓他頭有些暈眩。他隨即追著那個
出拳的男仔，要討回公道。後來，一群人就在操場上的中

間追來追去開打起來了。還好那時候，都只是以拳頭見真章。賓仔後來跌坐在操場中。他也不清楚接下來到底發生了什麼事？

訓導主任與五、六位男老師已聞聲而來，他們先在離操場邊有些距離的樹蔭底下等待殘局。

回想起來，有些奇怪：「同學間如何認出誰是自己邊的人呢？並沒有繫任何標誌來識別。難道後來是亂打一通嗎？或者他們在互打時，聽見大家都會大叫『幹』，難道這句話會呈現不同口音，讓他們在忙得不可開交之中，還可以藉音辨識這拳出去是打在對方身上？或者大家相互一看，就可從外觀分得出來嗎？」

我跟賓仔對於什麼省之分覺得是無聊的事，我只想好好讀書考上高中，賓仔好像也不太理會這些什麼省之類的爭議，雖然我們是好朋友，但是說實在的有些事只要細想，就會覺得不是很了解他未來要做什麼？

現在這個議題還是難分難解，我是不想也个可能改變我的村落腔調，而且極力想多花力氣來描述，我那個逐漸消失的「舊庄村」。雖然這個「舊庄村」已經不只是指那個小村落了。

賓仔說：「我不知道被誰打了幾拳，就頭暈坐在地上了，只覺得太陽突然變得好大。」我不曾描述賓仔的身材，國中後在這群人之中，他其實是矮小而且瘦骨嶙峋。不知何故，之前我都只說他，在小學時的身材高大，但到了國中後，他其實是有些營養不良的，好像不是每天可以

好好吃一餐的人。

「我根本還沒打到人，就被打得頭暈了。」賓仔說。

後來頭不暈了，他努力站起來。聽到有吹口哨的聲音，他知不妙了，「一定是訓導主任來了！」他只是直覺地往口哨聲相反方向跑。快跑到操場邊緣時，腳底好像被什麼刺到了，痛得他只好停下來。一看原本即已部分磨破見底的膠鞋，他的腳底有根圖釘。

後來，只有賓仔被逮到。

聽說，由於這種雙方人馬互打的場面太多次了，訓導主任若抓到外省人這邊，他們的父親不是軍人或警察，抓到了也不能做什麼，反而替自己惹來麻煩。聽說，就在同學間傳出，不論是本省人或外省人，只要在訓導主任與老師們趕到之前，跑出操場的邊緣就算沒事了。

「只有我被抓到，導仔也沒問我什麼事，也沒有問還有哪些人打架？」賓仔說。也許這些資料都不重要吧。奇怪的年代，發生了奇怪的事情。這是後來我幫英文老師送講義，路經操場時，看見有人站在操場中間，有一位老師坐在司令台監看的那場景。「如果我不是湊巧認識賓仔，而且剛好經過操場，不然這件事就水過無痕了。」我這麼想著，卻也疑惑：「就算記得又怎麼樣？」

在那時，甚至現在，我也不全然了解賓仔所說的操場互打事件。我說：「賓仔，你怎麼這麼衰啊。」賓仔的反應好像這沒什麼似的，他連自己很倒霉的話也沒有說。不是什麼要不要原諒的事，對賓仔來說，好像是他身上常發

生的事，但是事實上，他不曾提過類似經驗。連這次操場
事件，他也是首次涉及，但是嘴巴惹禍的黃來辛跑得很
快，後來他也沒說些什麼話。

也許就只是拳打腳踢，不會成就後續深仇大恨，因此
偶爾在操場互打，就像症頭發作，之後，大家忘了這事？
不然我難以想像一個問題：「既然都是同校生，何以平時
見面時，大家沒有馬上就對打？」

此刻想來仍是納悶：「這是可笑的問題吧，平時不論
說話是否標準腔調，是可以好來好去，可以好好討論數學
方程式如何運用，或者爭辯『青年是國家的棟樑』或是
『青年是國家的未來』之類，何者才對的標準答案？但是
在某些時刻，卻像出麻疹，雙方突然在操場上，演練一場
鼻青臉腫的戰役？」

我甚至覺得這個疑惑在嘲笑我，到目前其實仍還沒有
被好好消化的課題。

「甚至在此刻，我仍還不完全知道如何呈現，『族
群』與『語言』這些重大課題，到底它們如何陪伴在我們
的身邊，讓我們想像或遺忘什麼事情？」我很希望在當年
就有這些疑問，就算只是個疑問在心中就可以了，我甚至
不期待當年有答案。

賓仔說：「我阿母曾說，提起拳頭的時候，頭殼會沒
神，心頭會酸疼。」這個我心中稱呼它是「三頭主義」的
警言，唸起來很不順口，卻充滿了土生土長與土地很親近
的玄機。也許這是我與賓仔，當天要各自回家時，我隱隱

聽到賓仔唱著＜媽媽請你也保重＞的原因。至今，我仍還未完全理解這句話的意涵。在當時，對於這些不曾在課本上出現的話語，我並沒有像目前這麼介意，因爲不在教科書裡的事就不是重要的事。

但是我很高興，剛剛我只是想了一會兒，就回憶起賓仔阿母對他說的這句話，因爲這句話以台語來說，的確相當拗口會咬到舌頭。

對於賓仔在那時，＜媽媽請你也保重＞這首歌，以及那隻白馬的故事，我甚至是有些「嫉妒的」。但要直到晚近，我開始好好回想當時的情境時，這種感覺才明顯地可以定義爲那是「嫉妒」。當時只覺得有股「奇怪」的感覺，對於很多無法了解的感覺與印象，都是這麼歸類的。

畢竟，不論如何，總覺得埋頭苦讀才是解決所有困惑的唯一方向，當時的問題反正以後一定就有答案了。雖然現在卻覺得這才是「最奇怪」的想法。我直到高中開始浮現奇怪的想法：「我要當個詩人」後，才開始注意到周遭很多令人懷念的歌曲。在就讀國中以前，除每天早晚重覆唱國歌外，我心中沒有什麼歌。我覺得震撼，心中沒有歌的日子，卻是自己吟唱生活的方式。

我仍記得，臨走前，他平淡地說：「搞不好，白馬會陪我回家。」待我以後再談談那白馬的故事，就會知道，我對於賓仔臨走前的這句話，何以會覺得有放心的感覺。

7.

　　小學四年級首日開學的週會，賓仔在導師檢查指甲後，被罰站而中暑昏倒的事，雖然讓老師很生氣，但同學們似乎有不同想法。因為他的指甲實在太髒了，反而讓其他同學得救了，免於那天首日上課就被罰站。雖然以後檢查指甲時，常被罰站的還是某些人，但是能逃掉一次，就有一次的得意感。

　　那一天，第一堂國語下課後，就有五六位同學好奇地圍著賓仔。

　　「你住那裡？」有人問。

　　「我住仁美。」賓仔回答。

　　「你為什麼轉學來我們學校？」

　　「我也不知道啊，我阿母叫我轉到這裡，我就轉來了。」這是我第一次聽到賓仔說出「阿母」，那時候只覺得他說得很親切。

　　「你阿母怎麼沒幫你剪指甲？」順仔這麼問。隨即有人嘲笑順仔，那有剪指甲還需要阿母幫忙的。但是順仔堅持：「怎麼沒有，我阿母就幫我剪指甲。」

　　順仔並沒有欺騙大家，他阿母幫他做很多事，例如，每天中午幫他送來便當，班上還有四或五位同學的阿母會幫忙送中午便當。順仔的阿母如果沒有空，也會叫他家的僕人阿春仔，幫他送來便當。順仔做人還不錯，有時會將便當的雞腿或三層豬肉跟大家分享，因此大家也都跟順仔有不錯的交情。

　　賓仔來到四年忠班後，就變成班上最高的人了。一群人圍著他，充滿著好奇，好像他的樣子與身材，應有很多故事可以談。賓仔有些害羞但也隨和的樣子，他也極力和同學們東扯西拉，一下子大家就很熟了。

　　「你功課好不好？最拿手的是哪一科？」

　　「功課好爛，我一直『讀沒書』。」他說。他有些猶豫是否再多說，但還是接著說：「我阿母對這點很頭痛，她一直希望我好好讀書，以後可以做醫生。」賓仔說得很認真卻又希望是不在乎似的。

　　「你體力怎麼那麼差，一下子就中暑昏倒？」

　　賓仔顯得不知如何回答。馬上有人出來幫忙答腔，「幹！你管那麼多，他要昏倒，不行歐！」賓仔並未多說什麼，只是苦笑，其實多年來，我很少見他這種苦笑的表情。通常他大都是不在乎任何事，雖然不曾見他與老師衝突，但是老師說的話，他不見得全然依著做。

　　「我要去小便了。」賓仔這麼說後，一群人竟跟著去上廁所。

　　我沒有跟去，因為我剛剛好奇他們說什麼，卻忘了要同學們將中午的便當，趕快拿到講台旁的一個白鐵架子裡。通常我們在第一節下課後，同學都將便當盒放在那個架子裡，然後每天的兩位值日生要負責，將這架子抬到蒸便當的廚房。待早上第四堂課鐘聲後，兩位值日生就馬上去抬回便當架，大家都在教室吃便當。

　　待賓仔與那群人回來後，我再宣佈一遍：「帶便當的

同學，趕快將便當放在架子裡，值日生要將便當送去蒸便當室了。」我宣佈。見賓仔沒拿便當出來，我叫他：「賓仔，趕緊將便當盒拿出來，放到架子裡。不然值日生會遲到了。」

賓仔看了我一眼，並沒有動作，只說：「我今天忘了帶便當。」隨即又笑笑地與其他同學聊天了。

後來，我才知道，他從來不曾帶過便當，也不曾有人替他送來便當。

後來，第二堂算術與第三堂健康教育後，下課時總是有一些同學圍著賓仔聊天，他的話語常逗得大家哄堂大笑。四年忠班從原本沒有英雄的班級，突然來了賓仔這個高大的英雄，賓仔也很習慣周遭會有同學如此待他。第四堂是勞作課。同學要用小鋸子，沿著一片印有中國地圖與省份的木板，一一切割出不同省分的拼圖。沒想到，賓仔卻堅持不動手，勞作老師叫他趕快做，不然要他去教室後頭罰站。

沒想到早上才發生週會的罰站，很快的又有罰站的場景要發生了。只見賓仔坐在座位上，不肯動手鋸那片木板地圖。他嘴裡很低沈的聲音：「我又不喜歡。」我也不了解那是什麼意思。由於他雖然不做勞作，但態度還不致於很惡劣，還好今天勞作老師心情還不錯，並沒有強逼賓仔做勞作，或者罰站。後來，整堂勞作課，他就靜靜坐著，頭稍微低低的，不知到底在想著什麼，也好像在祈禱什麼似的。

　　這是我的初步印象。那時候，我們就算是不喜歡什麼，也是照著要求做，以免惹來麻煩與處罰。我們頂多只是「不小心把它鋸壞，不會說不要做。鋸東鋸西也還蠻好玩的。」我覺得賓仔：「是個奇怪的人，也是個大膽的人。」也許有欽佩的感覺吧，只是在當時並不這麼覺得。只是替他捏一把冷汗，不然，他又要被處罰了。

　　勞作課後。「起立！」我喊著，等待同學都站起，我還擔心賓仔會不站起來，還好他也很快站起來，「敬禮！」老師也回禮後，我再喊：「稍息！下課！」

　　兩位值日生很快衝去蒸便當室，以免還要排隊等其它班級，將便當抬回班上放在講台旁。只見賓仔仍低頭坐著好像在沈思。後來有幾位同學拿著便當，站著圍在賓仔的座位旁邊。他又恢復了談笑風生的場面，但我看賓仔好像一副不餓的樣子。

　　我坐在自己的坐位，並沒有跟其他同學那樣包圍在賓仔旁邊。我低頭吃著一半以上是蕃薯，不到一半是白米飯的便當，有幾片炒茄子和炒白菜。後來，順仔提著他阿母送來的便當進來教室，他一打開，隨即問賓仔：「要不要吃三層肉？」當時有雞腿或三層豬肉，同學一定搶著要吃，畢竟那是很稀罕的食物，常常是在拜拜時託神明的福氣，才有可能吃得到。一隻雞只有兩條腿，家中五兄弟姐妹，也要輪幾次拜拜，才有雞腿吃。

　　順仔以前會問大家要不要吃三層肉，想吃的同學們早就自行排出輪流的順序了，另外，雞腿也有興趣者自行輪

流順序。等著吃雞腿的順序和吃三層豬肉是不同的，但也有人是兩邊都有排隊。今天，順仔直接要請賓仔吃三層肉。賓仔毫不猶豫地點頭，將右手掌張開，順仔將一大塊三層肉放在賓仔的手心上。賓仔幾乎一口就完全放進嘴巴裡，我看見了他的指甲縫裡充滿了污垢。三層肉太燙了，賓仔又將肉吐回手中，還好沒有掉到地上。

我是太妒嫉了吧。我低頭吃著自己的便當。心想：「除了三層豬肉，順仔也會將雞腿直接送給賓仔嗎？這樣子，我就永遠排不到雞腿了。」說實在的，順仔他阿母送來的雞腿，不論是醬油紅燒或白煮雞，都是很棒的享受，「難道，以後沒有辦法享受了？」

賓仔後來將三層肉放在手心上吹吹氣後，他也分了幾口就將肉吃掉了。原本順仔將白煮雞腿還放在便當盒中，只先吃著炒竹筍，大家可能以為順仔今天要自己吃雞腿。賓仔吃完三層肉後，順仔又夾起那根白煮雞腿，要夾給賓仔，同學的表情很驚訝挫折，因為今天原本輪到吉仔可以吃雞腿。也許賓仔看到大家的神情吧，或者他真的飽了，只見他搖搖手說：「順仔，不用了，我飽了。」他的高大身材不可能一塊三層肉就被餵飽了，但是賓仔的反應讓大伙喘了一口氣，只見吉仔趕緊拿著自己的便當盒要去接那根雞腿。

我想著：「還好，賓仔沒有將雞腿也接過去，這讓其他同學覺得賓仔夠義氣吧。」我是輪流雞腿的同學之一，雖然我也好奇，看他吃三層肉的樣子，其實他應該是很餓，

何況他也沒有帶便當，何以他不接走雞腿，確是令人不解的事。

午餐後，幾位同學又如早上那樣，圍著賓仔身邊，好像他有無限好玩的事可以說。早上週會時，賓仔中暑昏倒的事，很快就不再是他們的話題了。

下午降旗後放學回家，他排的路隊和我相同，他要往仁美村，會與我們回舊庄村的路有一段重疊，但回仁美的只有他一人，因為仁美村並非我們學校的學區。因此，何以他會在四年級時，沒有搬家到國小附近的村落，而轉學我們學校總是令人好奇的事。這件事後來還有一些傳說，有同學說：「他素行不良，學校無法處理，因此被逼轉到我們學校。」或者 ：「他不用功，甚至活活把他阿母氣死了。」或者：「他是孤兒，從小沒父沒母。」

雖有這些傳聞，但同學之間沒人那麼熱衷，一定要找出緣由，因此這些傳聞就始終只是傳聞。甚到在目前，我仍不確定他的家世，只記得他很少說到阿爸，提及家人時總是說「我阿母」。

我偶爾會聽他在獨行時，小聲哼唱 ＜媽媽請你也保重＞。後來我曾浮現這想法：「他阿母根本早就不在人世間了？」回想起來，可能是我多次偶爾聽他哼唱這首歌時，總覺得他唱得很哀傷，那首歌由他口中唱出時，更像是首哀傷送別的歌曲。我一直不敢提及這個想法。

四年級的第一天，我與同學及賓仔一起走了一小段回家。後來的四到六年級的三年小學日子，也大都這樣走回

家。

　　隔天早上，賓仔很早就到學校了。整個書包鼓了起來，顯得不規則的方式鼓著，絕對不是書或文具的樣子。他神秘地叫我一聲，隨即手伸入書包裡，拿出一個文旦柚子和兩個土芭樂。我沒有多問，就接了過來，文旦和芭樂都是我喜歡的水果。我看賓仔書包仍是鼓鼓的，應還有水果在書包裡。後來，他也給了順仔一個文旦和二個芭樂，順仔也很高興說：「我很喜歡芭樂，我阿母一直不讓我吃，說多吃了，大便會像子彈（便秘）。」後來賓仔一一給同學芭樂一顆。突然多出的水果早餐，大家都很高興，這讓賓仔更受歡迎了。

　　後來，我就常會接到賓仔送的水果，不同季節有不同水果，有時是龍眼，有時是土芒果，有時是蓮霧，有時是荔枝。大家都以為是他家種的水果，他其實不曾說明水果是怎麼來的？

　　直到有一天，我和他回家的路上，他突然叫我等一下，沒多久他回來了，原本瘦巴巴的書包裡突然多了不少荔枝。我終於知道，我們吃的水果是怎麼來的。隔天早上，我們還是接受了，他送給我們的荔枝。這就是他的書包為什麼都是瘦巴巴的，原來是隨時準備裝進路上隨手摘來的水果。

　　他在班上始終是人緣最好的人，隨時有同學圍在一旁，有說有笑，我也有不少好朋友，我的朋友是比較肯讀書的人，但是，賓仔也一直是我的朋友。賓仔的成績一直很爛，但是他總是很早到學校，當值日生時，很認真掃地

與抬便當架等。印象中，我們是整年沒請假的全勤生。

在那個時代，當全勤生是很自豪的事。

8.

賓仔很少談他以後要做什麼？

其實我們也很少談以後要做什麼，除了在課堂上被問到這個問題時，我們才會趕緊說出一個答案，但那只是說給國小老師聽的。大家說來說去，當然可以判斷老師喜歡聽什麼答案，每次看老師對我們的答案很滿意，連我們都覺得那很愚蠢。

這當然並非說我們完全沒有目標。如果在小學低中年級時，說自己以後想要當消防隊員或警察，大家會覺得很可愛，很愛國，但是到了五六年級的高年級，還說那些答案，私下一定會被嘲笑。通常如果說醫師與老師，那是大家覺得聰明的答案。如果有人說以後要當商人，我想沒有人會聽得懂那是什麼意思。

如果我運用穿過我家村落邊緣的省公路，來說明人生的目標，也許會較容易了解我們在那個時代的想法。

省級公路從村落邊緣穿過，地圖的往下，也是往南的意思，那條路是通往屏東枋寮等地方。往北在地圖上是往上的意思，很湊巧的是地圖上的往上或往下，巧妙地和我們的人生命運相連在一起。雖然幾年前曾有位原是歷史專業者當部長後，將台灣地圖躺下來的方式，讓台灣島彷彿躺在海洋裡，卻招來了眾多的攻擊。也許政治就是如此奇

怪，寧願站立樣子的台灣地圖。

在阿爸與阿母的想法裡，也是很清楚的，往北才是往上的人生。讀書是唯一往北的一條路，才有機會衣錦還鄉的途徑。一種很奇怪的感覺吧，唯有離開最熟悉的朋友與土地，才是人生要走的路？

雖然很久之後，我才真正體會到，離開最熟悉的地方與朋友，卻是永遠也找不回的人生陰影，因為想望的陽光總是村落之外。有時覺得更可怕的是，如果在當時就知道了這些體會，那我的人生會如何呢？依我目前的成功，我不希望事情果真這樣，總希望在成功之後，再引進陽光來重新省視陰影裡的人生。

或者：「陽光底子的是日子，但陰影底下才是人生。」

「宏仔，你今天怎麼那麼早就要回家了？」賓仔這麼問我。國三時，大家都已經為了七月的高中聯考，進入備戰狀態了。有一天，我要提早回家，在公路局車站遇見賓仔。平常在下課後，仍會留在學校晚自習，通常要到八點多才會離開學校回家。

「今天忘了帶晚上要溫習的自然課參考書，只好回家了。」我回答後，賓仔顯得很迷惑的表情。

「讀另一科，不就好了。」賓仔說。從他的回應，就顯現出升學班與放牛班的差異了。

對我而言，每天要讀什麼科，都有一個很緊湊的計劃，

常常不覺得那是可以更改的，好像只要任意更改就會天下大亂。也許這也是那個時代的政府，不太希望大家思想與任意更改他們的政策，好像那真的就會天下大亂。

「不行，我今天一定要將自然課複習到第三冊，不然明天的複習，就會亂掉了。」我說。一如我對賓仔的問題的困惑，他也對我的問題充滿了不解。

往屏東的公路局車子來了。

車子裡都是學生，已經很擠了，賓仔幫我擠出一條路，我們就站在走道的中間位置，因為如果走到車廂太後頭，屆時難下車會被車掌小姐罵，若站在走道的太前面，會被罵何以不往後走，影響其它旅客的上下車。

「你都沒有留下來晚自習嗎？」在我們站定，車子啟動後，我這麼問賓仔。雖然這個問題的意義不大，因為上了國中後我早就知道賓仔那班是如何了。

「怎麼可能，留下來晚自習，就成了班上的怪物了。」賓仔回應。若我自己在車子，不論如何擁擠，我一定會拿出書本，就算不一定有空間翻開書。但今天我有些不安是否要拿出書來。

最後我終究沒有拿出書來。

「被當怪物又怎麼樣？」我的回應顯示我的不安吧。就像我今天要提早回家，我背著書包走出教室時，同學看我的眼神，就覺得我今天怪怪的吧。其實早上來學校後，我發現今早出門前，竟忘了將那本自然課參考書放入書包後，就整天顯得很不安了。白天裡，我就處在懊惱裡，責

怪自己何以為了查一個問題，將那本參考書拿出書包後卻忘了放回書包。因為我一定在前一晚，就將隔天要帶的書都收拾好了。

我不想當我班上的怪物，而賓仔也不想當他班上的怪物吧。

我們到底有多少的自由呢，當怪物或不當怪物？如果只有兩條路可以選，其實是很危險的事，但就像經過村落的那條省公路，往南與往北，或者往上或往下，只有兩個方向可以選擇，只能選擇成功與失敗，不能選擇成功與不成功。也許我們都像怪物或野獸，訓導主任是最完美的馴獸師？

「對你反正沒差啊，對我就差很遠了。」賓仔的感傷回應。這不是常見的反應，他總是以開玩笑來處理困境。賓仔的反應卻刺傷了我，因為我並不想跟這位好朋友處在這種差距的立場。

後來，我們就保持沈默。

我一直掙扎著，是否將書拿出來閱讀，但終究忍住了。時間真是很奇怪的東西，好像變得很冗長，不知道如何將它綑紮起來，整理妥當，只能任由它鞭笞著受苦者。沈默也一樣，變成一種怪物，以靜默的方式，張牙舞爪，好像它是這世界上最不想安靜下來的物種。

後來，舊庄站到了，我們擠下車，下車前，車掌小姐不太愉快地說：「怎麼不早點往前面走，影響大家的時間。」這是車掌小姐的工作，那時候，也許大家覺得這是

她的任務吧。我和賓仔被罵得只好頭低低的,我把月票亮給她看一下,隨即趕緊下車了。

「再聊一會兒吧,還不想那麼早回家。」賓仔這麼說著。我們都想回家,但是家又必須是我們要離開的地方,不論是往南或往北,往上或往下。回家卻是我們無法久待的地方。賓仔這麼說,我猶豫了一下,他馬上就接著說:「若不要,也沒關係。」

「沒事啦,聊聊也好。」我的回應有些空泛吧,但為了賓仔這個朋友,我已經盡力克制想趕緊回家讀書的衝動了。接下來又沈默,我們站在車站站牌旁。公路上車子來來去去。對於車子來來去去,我總是有很特別的感覺。車子載著以前,也載著未來,任誰成績再好,在這種聯考前的日子,總是希望日子很單純,就是希望日子不要有太多橫生的枝節。

「你們班導最近怎樣?」我難以忍受目前的沈默。雖然我們以前聊天時,也常有長時間的沈默,每次在這種沈默時,覺得賓仔還有另一種面貌,他總是變得有些哀愁。使用哀愁這字眼來形容賓仔,好像還是怪怪的,因為他的態度會讓你覺得,如果你用哀愁來形容他,一定會被他嘲笑。

「還不是跟以前一樣,這世界上所有人都欠他東西。」賓仔之前也這麼說過。他班的導師對於被分發到恥班這種末段班,心中一直很憤憤不平,覺得校長和教務主任看不起他,讓他無法施展抱負,因此常在教訓學生時,也表達了自

己被分派至這種班級的無奈與挫折。

「嗯！」這麼快的答案，似乎讓我難以爲繼。

沈默再度張狂起來，要吞噬這個小村落傍晚的天光，讓暗淡逐漸再度光臨。後來，賓仔談了一些他班上同學的事，他雖然不太喜歡讀書，他仍極力地要讓自己與其他同學是有所不同的。據我的了解，賓仔大都是準時上下課，上課雖不專心，也不致於像其他同學那樣故意找老師麻煩，因此有些同學反而視他爲怪物。

「甚至覺得我不合群，還言語威脅我。」賓仔說著。

「那你怎麼處理？」我問。

「只能不理會他們，反正我獨來獨往。」

這是不太一樣的賓仔，以前他總是幽默，極力與同學維持不錯的關係。我還不完全了解，到底發生了什麼事，使他變得跟以前不太一樣。我並沒有問他何以有這改變？如果勉強要說不同在哪裡，也許是他的神情裡多了一些以前少出現的抑鬱。在國中時我仍是模範生，同學課業的榜樣，我是到了高中後，有一天以各式色筆，重覆畫著書上的重點時，突然覺得色彩之間的空白，才是真正的自己。

但是這是一個多麼奇怪的念頭啊，我是怎麼說也說不清楚的事。

「我阿爸最近常叫我不要讀書了，他老是說：『反正你也讀沒書，再讀也是白花錢。』」賓仔說著。

我卻一直不確定他是否真有阿爸？因為他說「阿爸」的聲音，我覺得怪怪的，好像是很生疏遙遠的呼喚吧。

　　「也許是因為這個壓力，讓他覺得抑鬱吧。」我想著。這跟我阿爸與阿母一直催促我多讀書，相比之下他們是很不同的父母。我不想批評他父親，畢竟也不曾見過他。在國三的關卡，高中聯考變成了從我們的村落走到省公路後，左右著我們以後命運左右轉的重大關鍵。回想，的確是比自己當初所能想像的，還要更是關鍵的時刻。如果考得不錯，就沿著省公路右轉，往鳳山與高雄走，替未來接上再往台北走的路。如果考得不好，就只能註定從村落的省公路往左走，往屏東與枋寮走，在當時這是走向更邊陲的命運了。

　　當時也有一些村人在國小畢業後就去台北當學徒，因為路途遙遠就很少回家，久而久之，好像與家人失聯了，起初還有寄錢回家，後來也沒有寄錢了。在那時，真正去過台北的村人很有限，因此一般的印象就是「台北親像一個花花世界」。村人會無奈地傳說：「親像風吹（風箏）斷了線，家裡人只好當做不曾生有那兒子。」

　　但是當事者的家庭常保持低調不願多談這些，好像這是家裡很恥辱的事情。有時有些人北上後，逢年過節回家時，穿得叭哩叭哩好像衣錦還鄉，村人有時還是會傳言，某某人去台北當學徒，其實是跟老板借錢回家過年。對村落人來說，屏東與枋寮等地，大家比較來來去去，會有較多較貼近實況的見識與說法，台北是相當遙遠的另個世界，「花花世界」的背後，讓村人多了更多的疑慮與恐懼。

　　「你不想考高中嗎？」我問賓仔。

「我也不知道，反正考不好。」

「那就試試看！」

「考上學校的機會應不大。我阿爸不想讓我再多花錢讀書了。」

我一時之間也不知說什麼。

「也不知道啦。」賓仔再顯現他的無奈。他真的變得不太一樣了，不知道用「多愁善感」來形容是否適切，因為實在與之前太不相同了。

「宏仔，最近我又看見那隻白馬了，就在那裡悠閒地喝水。」賓仔的心情似乎轉變了，有股希望重新燃起的樣子。我以為他要多說些什麼，但賓仔卻只是說：「很晚了，你也該回去讀書了。」我的焦慮不安心情又突然被喚醒，也急切地想回去在書本上補足剛剛所花掉的時間。

9.

我還深刻記得，賓仔首次談到有翅膀的白馬時的樣子。

那是賓仔小學四年級時，轉來學校後不久。有一天，降旗典禮後，他與我排隊走在回家的隊伍裡。這個二人一排的路隊裡，賓仔與我的家是住在離學校最遠的，因此我與賓仔是在隊伍的最後一排。

「宏仔，你明天要吃芭樂或木瓜？」賓仔這麼問我。

訓導主任以麥克風大聲地呼籲同學，在路上要遵守交通秩序，並服從糾察隊的指揮。我們是眾多等待回家的路隊之一，離校較遠的路隊先走。訓導主任站在司令台上，

握著麥克風說話，總是要所有的路隊都出了校門，他才會停止訓話。

「四年忠班轉學生許文賓，四年忠班轉學生許文賓」我的耳朵突然豎立起來，聽訓導主任要說什麼：「要記得準時回去，不要在外頭亂混。」有些奇怪，訓導主任如此公開地要某位同學準時回去之類的談話。

班上同學回頭看賓仔的反應，他卻好像沒聽到，對於同學的注意仍一副事不關己的樣子。也許是他這種態度，讓老師與訓導主任很不高興吧，才會有剛剛訓導主任的發言。回想，我反而是被賓仔的這種凡事不在乎的態度所吸引，雖然當時根本不認識他，也不知他的態度背後，可能隱含多少的辛酸與苦痛。

以我要回家的路隊來說，通常由糾察隊在教師的指揮下舉牌，擋著車子讓同學通過後，路隊就很快地不再成為路隊隊形了。有人見了路旁雜貨店就停下買冰棒，或抽牌看運氣能否好到能得到雙份的生力麵。或者如果有工程在路旁進行工作，也會有人蹲下去看他們做些什麼。

「兩種都不錯，都很好吃。」我回答賓仔，雖然心中仍困惑，不知賓仔問這話的真正意思？

「好啊，那我就都找找看。」賓仔說，他沒理會訓導主任的說話，後來又接著說：「不然就芭樂好了，最近是著時比較好找到。」

今天早上，我碰到賓仔時，他隨即從書包裡拿了兩顆芭樂給我，我們叫那是土芭樂，較小顆但較有芭樂的香味，

相對於其它品種的芭樂。前面的隊伍仍還沒走完,我們還在操場的跑道上。

「記得,明天早上要提早十五分鐘到校。有督學來視察,大家要好好表現,替學校爭取最高榮譽。記得,一定要穿黑球鞋和黑襪子,要記得帶手帕和衛生紙。」

訓導主任從今天早上起,透過麥克風向全校宣告這個談話,已經不計其數了,可以想見這是多麼重大的事件。沒有透過麥克風公開說的是,導師直接面對學生重覆叮嚀,明天一定不能帶課本外的參考書來學校,不然都會被督學沒收。我早就準備了一套手帕和衛生紙放家中,若有宣佈要檢查時,才會帶來學校,帶回家後又收藏在抽屜裡。

通常這種時候學生都被要求提早到學校,老師要在督學來到之前,先做一次事先檢查,將手帕和衛生紙就定位,放在固定的口袋裡。老師再三規定,老師檢查後,督學來校之前,不可再使用這些手帕和衛生紙。

我看著賓仔的赤腳,突然想到:「賓仔的家裡是否有黑球鞋?」

「宏仔,今天早上的芭樂好吃吧?」賓仔問著我,我楞了楞,因為想著黑球鞋的事。我是有一雙膠底黑帆布球鞋,平時少穿它,反正習慣赤腳了,穿鞋子時還要穿上襪子,覺得很麻煩,腳上怪怪的感覺。

「是啊,我喜歡芭樂。」其實我只要有水果可吃,都是好吃。

「宏仔,你家裡有多一條手帕嗎?」賓仔問我,顯得

很不好意思。

「我二叔家裡有手帕，我可以向他們借一條。」我很肯定的回答，就將他當做是好朋友般地相助，不想說得太猶豫讓他不好意思。因為上次視察衛生檢查時，我前一晚洗過手帕，結果忘了拿進室內，那條手帕整夜晾在屋外，隔天那條手帕仍還濕著，我一直吵阿母怎麼辦，因此阿母臨時去向二叔借了一條。

「好啊！」賓仔鬆了一口氣。

我記得在小學一年級時，有位同學的手帕是從破棉被套，臨時剪了一塊花布，那次那位督學還當著同學的面，責罵當時的訓導主任，怎麼讓同學拿棉被套的布做手帕，表示校長平時督考不夠踏實。那種花布在目前變成了一種新的流行時尚，但在那時候以督學的說法是：「這是不能登大雅之堂的東西」。當時不是很了解那位督學的眞正意思，只是先把他的話背記下來。在當時我和同學的心中的確深刻感受而且同意，拿出破棉被套剪成的「手帕」，是很令人感到羞愧的，也許就是「不能在司令台前出現」的意思吧。

問題是如果僅有一些錢，要買米、蕃薯或手帕，會如何選擇呢？當然是買米或蕃薯。那時候，導師告知有督學要來檢查手帕與衛生紙的前幾天，我就開始很不安，每天晚上回家後，就會一直催促阿母，一定要去買一條手帕。雖然想不出除了用來被檢查外，在什麼時候需要用到手帕？

但是，還沒有見到阿母買回手帕前，那種害怕至今仍

記得，現在叫它「恐懼」吧。在那時則是一種每天的折騰，讓自己很不安，會一直吵阿母，讓阿母很不耐煩說：「過幾天領到工錢後，就去鳳山街仔替你買一條。」然後，我還是很不放心，要強調與阿姐那條手帕一樣。

跟天空就要壓下來了，差不多的感覺吧。

在那樣的時代，有很多的「訓導主任們」，但我們好像就是沒父沒母，來滿足這些「訓導主任們」的要求。這些「訓導主任們」在司令台上不停地吆喝，在路上四處走來走去，或者在夢裡指揮著我們，如何應付「更大條的」上級督察。阿爸與阿母只能重覆說：「好好讀書，以後就免看別人的目色了。」也許這是最大的護身符，牢記著這幾個字，就可以百毒不侵，鎮住了所有的恐懼，不必怕龜殼花，不必怕青竹絲，更不必怕百步蛇，一切希望就在這句話裡了。

回頭想想，我還真的很相信這句話。

我記得小學二年級開學時，勞作美術課老師要大家回去買一張圖畫紙，下禮拜上課時要使用。我記得我自己幾乎嚇壞了，不曾看過那種畫紙，那堂課後即一直掛念著，回家要跟阿母說，問題是阿母沒讀過書，也沒看過老師所展示的那種畫紙。直到我想到就讀四年級的阿姐，應該有畫過那種紙，那天，我的心情才平靜了下來。

當時看著賓仔的赤腳，我想著：「連球鞋都沒有，賓仔家裡大概也沒有手帕吧。」我相信是一陣子後，我才能完全了解「手帕」與洗臉「毛巾」的真正差別。當然啊，

最重要的差別是教育督學要檢查的是「手帕」，不檢查「毛巾」。或者說：「『手帕』是用來讓督學檢查用的一塊很不一樣的布」。如果像四年級的班導那般吹毛求疵的話，仍需要再進一步說明「很不一樣」是指什麼？

雖然當時只要你一攤開來看，大家都會知道那種差別，我是指不一樣的同學表情，以及後續想做的動作都可以證明那是不是「手帕」？例如，如果你覺得那是真正的「手帕」，拿出來的同學會流露很驕傲的表情，雖然老師常說要「勝不驕，敗不餒」，其他同學也會有羨慕的表情。如果攤開來時，拿出來的同學顯得很畏首畏尾，同學們也覺得「這根本不是手帕」，那就不是「手帕」了。

更重要的是，到了小學四年級後，同學們也大都與督學的眼光差不多了，雖然還是有同學常常會「忘了帶」。我這條手帕已經用四年了，常常也會想「忘了帶」，只是每次有督學要來時，總是會記得帶去學校，回家後那條手帕平時收在衣服櫃子裡。通常是檢查後，當天晚上就放回櫃子裡，但其中有兩三次，竟然因為天氣太熱了，同學們滿臉是汗水，被老師要求在督學面前「使用手帕」示範，來擦掉額頭的汗水。我心中只記得轟天雷響：「天啊，回家要洗過掠乾，才能放回櫃子裡。」因為每洗一次就會折損一次。

有時候，如果有比督學「更大條的」要來視察，通常還會在前一天就先有預演，若是這樣子，那條手帕就得放在身上兩天。有同學曾說：「要像侍候祖公一樣，保護那

條手帕。」因為有同學曾第一天帶來了，但回家後就找不到了，惹得老師後來一一檢查座位和抽屜，是否有人偷了那位同學的手帕？

終於輪到我們這個路隊可以開始走了。

訓導主任還在司令台上大聲談著，明天督學來學校時：「見到督學時，一定要馬上停止活動，立正，以三指放眉毛尾端行注意禮。」

行注意禮，是指敬禮時，眼睛一定要看著對方，以表示尊敬。對於我們這些碰見大人就習慣低頭的小孩，的確是很大的挑戰，常常是眼睛不知要看哪裡，不小心還會被老師說成：「你的眼睛裡有小鳥仔在學飛，翅仔亂動幾下後，就掉在地面了，親像落翅仔。」這種說法，其實帶有幾分詩意，還算不錯的描述，雖然最後提及落翅仔，帶有貶抑之意。如果你的眼睛無神，老師還會要你「炯炯有神」，這很不容易體會，只會讓我們將眼睛張弄得大大的，反而像在瞪別人。不然就會換來：「你的眼睛親像一隻死魚仔」。

「宏仔，明天我會再去找木瓜。」賓仔又突然這麼說。也許他要報答我會借給他手帕的事吧，雖然我一直覺得，他不是那種會在意是否有手帕之類的事。因為至今班上仍有三位同學每次督學來視察時，還是「忘了帶手帕」，但他們還有帶衛生紙供檢查，就算罰站還要常忘了帶，老師除了威脅要去家訪外也莫可奈何。

「明天不要帶木瓜，太大了，明天督學來時，不知要

藏在那裡？如果一大早吃掉，弄髒了衣服，那就慘了。」我提醒賓仔。

「嗯，是啊，不然我後天再帶木瓜來。」

「好啊。」

回家的路隊已經走出校門了。路隊長一直大喊：「不要大聲說話！」但是同學們沒人理會這種吶喊了。高年級的路隊長喊了三次後，隨即與他的同學也大聲說話了，也許是太挫折了吧。

「若想起故鄉目屎就流落來，免掛意請你放心我的阿母」我聽到賓仔口中喃喃地吟唱著<媽媽請你也保重>。賓仔唱得很有情意，好像注意到我在聽，而停止吟唱並表示：「媽媽請你也保重，這首歌很好聽，要不要我教你？」

「我也會唱，我二叔就常哼唱這首歌《媽媽請你也保重》。」我不曾看過我祖母，只聽阿爸說：「你阿嬤（祖母）很年輕就死了。」但家裡幾乎沒人提過阿嬤，甚至在客廳牆壁上也不曾見她生前的肖像。

「真的啊，太湊巧了。」賓仔顯得很興奮的樣子。

「我二叔常說：『你阿嬤早死，後來，我學會這首歌後，就常常唱。』」我說這句話時，完全沒有想到，賓仔是否也因為想念媽媽，才會喜歡哼唱這首歌？

「這首歌真的很讚！」賓仔依然很高興地說。甚至到了國三，我仍不曾見過賓仔的阿母。

「若想起故鄉目屎就流落來，免掛意請你放心，我的阿母」我也跟著賓仔哼唱了起來。

「宏仔，我有看到白馬。」賓仔這麼說，挑起了我的興趣。

「賓仔，你要帶我去看嗎？在什麼地方？」我好奇問他。

「你看不到的。」賓仔突然壓低聲音，好像對自己說話。

「為什麼？」

「你不會了解的，那隻白馬只讓我接近它。」

「……」

「那隻白馬還有翅膀。」

「馬有翅膀？賓仔，你在臭彈，怎麼可能。」

回家的路隊已經變得愈走愈散漫了，我與賓仔走得很慢。我們沿著省公路旁走，不時有車子高速行駛而過。

「你看，這就是我說你看不見的原因。」對於我的質疑，賓仔並未顯得生氣。

「你在說什麼啊，我聽不懂啦。」

賓仔不理會我的再次質疑，兀自再哼唱著：「寒冷的冬天夏天的三更暝，請保重不可傷風我的阿母，期待著早日相會」混雜著感傷與愉快的聲調。

「那隻白馬不是每天出現，在我回家的山坡路的盡頭，有股山泉從山坡壁流出來，那隻白馬偶爾出現在那裡喝水。」賓仔說得很投入，好像他正在現場似的。

「怎麼沒聽別人說過？」

　　「我常常站在遠遠的地方，看著白馬悠悠的喝水，偶爾拍動一下翅膀。常常在我眼睛稍微閉一下那瞬間，白馬就飛不見了。那時我才會走回家。」一輛載滿砂石的卡車高速駛過，然後很快地消失在不遠處的轉彎處。我和賓仔都被吵雜聲嚇了一跳。

　　這條省公路是我們北上或南下的命運之路，砂石卡車急駛而過所引來的驚嚇，讓賓仔談白馬的話題突然終止。我也被卡車急駛而過的聲音，拉回了「現實」，即將要與賓仔分離，各自走回家的路口了。

　　我很好奇那隻白馬，帶著一絲絲的疑惑，一種不知如何開口的疑惑。對於賓仔告訴我這隻白馬的故事，讓我也想像著，如何可以看見那隻白馬。我告訴自己：「白馬是賓仔和我間的秘密。」多年後，我才知道，其實我對白馬的疑惑並不多，我心中一直相信白馬的存在。只是不知何故，想到白馬的故事時，總是浮現對賓仔有更多的同情。也許是他的赤腳，雖然我也赤腳上學，但我家裡還有手帕，還可以借到另一手帕來借他。這讓我很心酸。在以前，對於「明天」的恐懼，掩藏了那種心酸。那輛急駛而過的卡車，尖銳的煞車聲所帶來的驚恐，卻是那天，我們互道再見各自回家的前奏曲。

　　後來，我自己走回家的路上，不自知地哼著：「期待著早日相會，我也來到他鄉的這個省都，不過我是會返去的，媽媽請你也保重」。我不知道賓仔是否曾告訴他阿母，這隻白馬的故事。我不曾告訴其他人，雖然賓仔不曾

說這是不能說的秘密。雖然目前我曾浮現：「在當年賓仔是否有媽媽？」或者更大的疑問：「賓仔當年眞有個『家』嗎？」在當年這些疑問或許曾如電光般浮現，但直到目前仍是個不成形的疑惑？

我開始書寫賓仔的故事時，也曾猶豫是否要寫這隻白馬的故事？後來我說服自己的說法是：「這是我在多年後，能夠找到賓仔的最重要故事，雖然我也仍隱藏了他首次告訴我時，白馬故事的一些小細節，準備做爲來日有機會碰面時，我們可以共同回憶的故事。」

在那個時候，1970年代的台灣，我們鐵定缺乏目前的各種術語，例如：白色恐怖或者後殖民主義等等語言，來定位回家要往右或往走左，甚至連往右與往左，也有了新時代的定義。回頭來看，我倒覺得這些新術語，都還無法描述到一種身處山谷中，後來卻因爲各種待努力標示清楚的緣由，走出了山谷，然後，又不斷地回到那個地方，就像不同時期的嬰兒照片，一直翻拍著成長，但我們始終說那嬰兒就是誰。

如果要我有個短暫的斷語，我會以這隻有翅膀的白馬，做爲那個時代的寫照。不論照片如何翻拍，我都會說：「那是有翅膀的白馬年代」。這句話比所謂「後殖民主義」更能代表我心中對那個時代的標示。雖然我還未說出關於白馬的全部故事，這種尚未完全說出的感覺，卻讓我覺得更具有那個時代的代表性。現在，我很高興這種發現，並沒有降低我對那個時代的想像。

這次之後，賓仔曾多次再提及白馬的事，他總是說：「最後，白馬在眨眼間就消失了。」好像是春芽也有的失落，總是帶來了去年秋葉掙脫了枝幹，那瞬息萬變之間，愉悅等待的期盼吧。或許他說的是令人愉快且想望的事情，總是容易消失不見。但是，差別在於還有多少想望的心情，支撐著下次的期待。

「宏仔，你看，臘葉（老鷹）又出現了！」這是賓仔走入他回家的小岔路前，隨手指向天空，我跟著抬頭看著那隻老鷹。

10.

我以為我看錯了，但仔細再看，那人的確是賓仔，他跟在載著媽祖的小轎子後頭，已經被附身的樣子。身體搖搖擺擺，半閉著眼，跟在乩童後頭。

「不知道那囝仔是那個村庄的，他很快就跟著起駕了。」隔壁的旺伯仔和周遭一群人談論著賓仔。

「是啊，看起來很有天份，一點也不怕炮仔。」

「不知道是誰的囝仔？應該不是本庄的。」旺伯仔仍關切著這小孩的來歷。

今年顯得更熱鬧，除了廟方請來的布袋戲野台表演外，還有川伯仔的大兒子因為在外做生意賺了不少錢，今年為了向神明還願特別請了一班歌仔戲來表演。我們都叫歌仔戲是「大戲」，以前不知何以這麼叫，後來才知因為歌仔戲的人員陣仗大，因此要花比布袋戲團至少兩倍以上

的價錢。通常有兩台戲在廟前廣場同時一起表演時，雙方為了爭取更多觀眾，都會將麥克風弄得很大聲，試圖壓過對方的氣勢。

「在朝為官，為民侍候。三月桃花開，九月九花紅，試看文藏好，等候舉子來。」（陳旺欉口述本）歌仔戲下午是演「呂蒙正」，主考官對著台下觀眾口白。觀眾聽到最後一句，隨即大聲鼓掌。

「感謝林財旺賞賜一百元。感謝！感謝！」這是布袋戲那邊場子宣佈的訊息。不久就看見有人拿著紅紙上貼著一張百元大鈔，寫著剛剛宣佈的文字，將紅紙貼在戲棚前頭。布袋戲的戲棚上已貼了很多紅紙和紙鈔了。布袋戲的戲碼是「武松打虎」，只見那隻大虎出現，咬了一個人後，隨即又跑走了。

大部分的觀眾坐在自家帶來的椅子上，有些人只專心看歌仔戲，有些人只看布袋戲，也有不少人坐在兩個場子的中間，看哪邊熱鬧，就將頭偏向哪邊。

原本幫阿母擺好水果與牲禮後，我就要去看布袋戲，因為看到賓仔起乩，才一直盯著賓仔，很擔心他會受傷。

「你看！你看！發得很厲害！」

幾個人同時指著賓仔，賓仔的身體與頭搖晃得很厲害，好像不是人的身體，是神造的零件，彷彿隨時可以解體，但有神的保護，不會真的連三魂七魄都弄得散掉。這讓賓仔仍可隨著小神轎，跑來跑去。因為抬著小神轎的兩位壯漢，也幾乎已經發起來了，隨著兩人的前後擺動，使

得小神轎上的鐵環，叮叮噹噹地響著。

「今年會運勢不錯，你看他們發得這麼厲害。」旺仔伯神情高興地談著。有人隨時點燃成串的連珠炮，就往神轎底的腳下丟去，因為兩位抬轎壯漢與乩童，加上賓仔都隨時移動位置，使得連珠炮常常就在他們腳旁炸開。

國三時的農曆三月十五日。這是村廟「興濟宮」主祠神保生大帝的生日。保生大帝的大轎還停在廟前，由於媽祖是興濟宮的副祠神，因此先坐上小神轎裡出巡。

「請大人出對。」歌仔戲裡呂蒙正作揖，請求主考官出題目。

「好，聽來，天做棋盤，星做子，有手連天。」主考官坐在戲棚中央的官椅上。

「起大風啦，今年媽祖婆真發威。」順伯仔興奮地向旺伯仔這麼說。由於鞭炮聲加上敲鑼打鼓，順伯仔的聲音讓圍著小神轎的村人都聽到了。風吹著泥土地面的鞭炮紙屑，紅色與土黃色的碎紙屑在地上翻滾著，好像在醫神保生大帝的保佑下，這村落明年仍將是氣勢滾滾。

「地做琴盤，路做線，無手可彈。」呂蒙正做詩來配對主考官，觀眾再度鼓掌， 也有人大聲吹著口哨。

「起大風了，媽祖要展神威了。」聲音從一群人裡嚷了出來。

「媽祖要展神威了。」

「感謝陳仔來賞賜一百元。感謝！感謝！」布袋戲棚又傳來了喜訊。武松與那隻老虎已經打了好幾回合了，還

沒有分出勝負：「這隻老虎是白虎星來轉世，果然非常的
厲害。武松冷靜下來，恬恬看著這隻虎。心想，這隻虎果
然也是一個好漢。」

「瑞仔，趕緊，你去護駕一下那個囝仔。」旺伯仔叫
瑞仔跟著賓仔旁邊，以免發生一些危險。因為剛剛賓仔差
點撞倒了，擺在廟埕右側角那堆高起的柴堆，那是晚上點
燃後準備做為過火儀式的柴堆。瑞仔跑去賓仔旁邊，隨時
要出手護駕幫忙賓仔的姿勢。

很多年前了吧，瑞仔以前也曾發起來過，那次他不小
心撞到了一輛腳踏車，讓他的左小腿骨折，當時村裡沒有
醫生，要看醫生得走路兩小時到鳳山街仔。他只讓接骨師
處理，後來仍是走路有點異樣。村裡的人說：「還好有大
道公（保生大帝）保佑，不然當時見骨的樣子，血一直噴
出來，真可怕。」瑞仔後來成為保生大帝的乾兒子，二十
幾年來，每天早晚都會到廟裡，幫忙整理清潔和燒香拜拜。

天漸漸暗了下來。

那天因為要拜拜，阿母叫我下課就回家。我先回家換
掉了校服，幫阿母提一些牲禮與水果，要來替大道公做生
日。我們都叫「大道公」，後來才知也叫保生大帝。協助
放好牲禮與水果後，我就跑去看神轎起乩。阿母就到廟裡
燒香拜拜了。

「瑞仔，卡緊啊，緊去護駕那個囝仔。」其他人也喊
著，因瑞仔漢草（身材）較粗勇，也離賓仔較近。

「武松冷靜看著這隻虎，來無影，去無蹤。武松心內

想著：『這位好漢竟然落得傷人害理，真是可惜。』」突然又插播：「感謝去年爐主謝文全賞賜三百元，感謝！感謝！」今年的景氣不錯，紅紙上貼著紙鈔已貼滿了布袋戲棚的前面了，工作人員拿了梯子，將這張有三百元紙鈔的紅紙，貼在更高位置上，那三張百元大鈔顯得相當醒目。「話說武松感覺背後有股冷風。說時遲，那時快。」

「瑞仔，將那囝仔抱住，他快要失控了，你要抱得緊啊，不要讓他受傷了。」旺伯仔是廟宇事務的專家，從很小的時候，就很熱心興濟宮的廟務。旺伯仔看賓仔狀況不對了，怕賓仔受傷，趕緊叮嚀瑞仔去幫忙賓仔。其他人也有同感，叫瑞仔要小心緊抱好那囝仔。

這種情形在以前也常見，在這種廟慶的場合，除了廟宇裡「官方的」乩童外，每次總有一些年輕人由於跟著神轎跑，突然被附身而發起來。

「好啊，再來一對，風聲雨聲讀書聲，聲聲入耳。」主考官很滿意呂蒙正的第一個應答，再度出個考題。

「家事國事天下事，事事關心。」呂蒙正很快地回答，觀眾又賣力地大聲鼓掌。

「真是字字關心，事事關心，好口才啊，哈，原來狀元是你主裁！」主考官當場宣佈呂蒙正是狀元。雖然這部戲也是常演的大戲，觀眾大都知道劇情了，但是觀眾仍報以熱烈掌聲，除了鼓勵歌仔戲子們，也讓廟前的熱鬧氣氛更旺，一起來娛樂大道公，希望大道公可以高興，讓村人在明年可以更興旺。

瑞仔跑過去以雙手環抱住賓仔，將賓仔的雙手夾住抱著。賓仔全身仍然不停地搖晃，瑞仔只好以下顎頂住賓仔的頭，其他幾位年輕人也跑過去，一起將賓仔鎮定下來。好像四個壯漢合抱著一棵不自主晃動的樹木。過了十幾分鐘後，賓仔的抖動才逐漸停了下來。賓仔好像癱軟的麻糬，只有手或腳偶會稍抽動一下。瑞仔這時將賓仔抱著平放在一張木長椅上，叫人取來外套蓋在賓仔身上。賓仔已沈睡了，只見他臉部偶爾的抽動。

「這個囡仔可能是三太子李哪吒來上身，不然不會發的這麼厲害。」旺伯仔過來看賓仔，對著瑞仔這麼說。

「可能是這樣子，少年哪吒確實真厲害。」瑞仔同意旺伯仔的觀察。

「武松與這隻白虎星已經大戰六百回合，三天三夜。」

「展仔，你還在這裡？怎麼沒回家讀書？聯考快到了。」旺伯仔看到我，對我這麼說。

「我幫阿母提牲禮與水果來拜拜啊。」我坐在賓仔旁邊的地上。

「你爸跟你母啊生著你這個囡仔，這麼會讀書，真正是天有保佑。」瑞仔好像是回應旺伯仔，卻對我說。

「展仔，好好讀書，如果考上第一志願，可以請一場大戲來答謝大道公。」旺伯仔提高嗓子，才能壓過其它的聲音。

「……」我不知如何回答，只能微笑回應。想到要請一場大戲，根本不可能有那麼多錢。

　　我想到賓仔說過，他中暑昏倒前的身體搖晃，「親像臘葉在空中飄來飄去。」賓仔已經醒來，但全身仍乏力地攤在長板凳上。

　　「再休息一下，不要急著起來。」瑞仔叮囑賓仔。賓仔嘗試起身，但無力又趴下。

　　「宏仔，多謝你。你怎麼在這裡？」賓仔側頭看著我。

　　「我陪阿母拿牲禮來拜拜。你怎麼來這裡？」我問他。

　　「我也不知道，只覺得搭車子經過時，這裡很熱鬧，下車後就走來這裡。」

　　「你記得你起乩嗎？」

　　「我只記得，我先跟著媽祖的神驕後頭，跑著跑著，後來怎麼樣，我也忘記了。」

　　「我看你跟在神驕後頭一直跑，旺伯仔說你被三太子上身，才會發得那麼厲害。」

　　「我也不知道。」賓仔已經起身坐在長椅上，他還穿著校服。

　　「這是你的書包。你住在那一庄？」旺伯仔拿來賓仔的書包。

　　「仁美村。」

　　「休息一下，天暗了，要趕緊回家，你家人才不會煩惱。」瑞仔交待賓仔。

　　「瑞仔，你若可以就騎鐵馬載這囡仔回家，我看他還很累的樣子。」旺伯仔對著瑞仔說。

「展仔來收東西了。」阿母叫我一起收東西準備回家了。

「不用啦，我自己回去就好了。」賓仔說得很堅定。

我意圖勸賓仔坐瑞仔的腳踏車回家，但是賓仔一副死也不願的樣子，我只得放棄說服他。

「蒙聖恩賜我狀元及第，騎馬遊街三日，走馬上任之前，我先告假回家，探望我妻月娥，並豎旗祭祖，以光耀門楣，左右啊！」呂蒙正準備回家鄉，好像村裡的人常說的，「出外打拼，準備將來衣錦還鄉。」

「展仔，緊來收東西。」阿母再催促，我只好站起來。

「賓仔，快回家了。」我站起後對賓仔說。賓仔點點頭。

「那囝仔是誰？」阿母問我，我將供桌上的牲禮、水果與剩餘的香裝回紙袋，放入竹籃裡。

「是賓仔，小學同學，住在仁美。」

「以後不要再跟那囝仔一起，才不會被帶壞。」阿母對我說。我幫阿母提東西走回家。

鞭炮聲已停息了。布袋戲已經停止了。歌仔戲也停止了。

晚上會再接續下午未完的戲碼。

我沒有回應阿母說的話。只是默默地提著竹籃，在逐漸昏暗的天色裡，走回家。起大風了，路上的，炸開後紅黃鞭炮碎紙屑，滾過我的腳旁。一路上，穿過一些小路，

阿母偶與相遇的鄰居打招呼，鄰居也總會問我：「要考試了？」我點點頭微笑來回應。

那晚上，我首次由心中真正覺得我必須好好讀書，因為當我看見賓仔穿著校服，隨著神轎發起來的樣子，讓我覺得神明可怕且殘忍，我不要留在那個地方。加上阿母叫我不要跟賓仔當朋友，我一路沒說話，但我心中完全與阿母站在不同邊，雖然回家後，將竹籃放在客廳的神明桌上，我隨即聽阿母要求的，回到房間裡讀書。

整個晚上，不時傳來鞭炮聲，夾雜著布袋戲與歌仔戲的放送，在村落的每個角落，讓保生大帝的祝福，可以散播到家家戶戶。我讀到很晚，那個時候，所有聲響都安靜了。我卻不時在心中大聲告訴自己：「為了離開這個地方，我要好好讀書！這是我離家最好的方式！」

那時候，我依稀覺得賓仔可能沒有自己的家，「沒有家可回的人，如何離家呢？」雖然至今我一直不確定賓仔是否如此？

在離開家鄉二十多年後，我卻在大都會的夜晚，看著窗外車子快速駛過，浮現不同的想法，並在自己的雜記本寫下：「在我的心中，我要回到我的家鄉，以我努力離開家鄉的方式，再度離開目前的都會。」當年離家的最好方式，不只離開了赤腳所踩踏的土地，離開了一直催促我離開家鄉的家人與鄰居，也遠離了多年來心中隱隱作祟的感覺，覺得對不起賓仔。

對於那個家鄉，幾乎村內所有人都催促我離開，連神

明保生大帝也要我離開這個村落，才是有出息的方向。這個村落的前緣有省公路經過，後緣則是鐵路小站。後來，我在都會也有個家，回頭看，都會生活卻像是在準備離家，一如當年的樣子。

回頭想來，我不同意家人與村人催促的所在，卻是我與村落牽連最深刻的地方；我同意他們的所在，卻是讓我與他們變得更遙遠的地方。雖然我也常到大龍峒保安宮，這個以保生大帝為主祠神的廟宇。我依照他們指出的方向走，可以說是成功了，卻同時成功地讓自己陷入「家在那裡？」的失落裡。

那個晚上，除了我催促自己努力讀書之外，我也一直掛念著：「不知道賓仔是否回家了？」有時不自主吟唱賓仔也愛唱的：「想彼時強強離開，想彼時強強離開，我也來到他鄉的這個省都，不過我真打拚的，媽媽請你也保重。」

11.

那天，督學就要來了。

小學四年級開學不久的某天早上。

「督學就要來了！」最近幾天最常聽見這句話。

那天，從學校操場可以看見不遠處的農田上方，天空盤旋的老鷹，隨時準備要飛撲而下，捕捉來不及躲避的小雞。

　　七點是早自習，訓導主任規定今天提早十五分鐘到校。我六點半就已經到校了。沒想到賓仔比我還要早到校。賓仔雖然少讀書，但他從四年級轉來到六年級畢業，也是得到全勤獎者之一。

　　「這兩顆芭樂給你。」賓仔手伸入他的書包，示意我打開書包，他很快將兩顆芭樂放入我的書包裡。

　　「很甜啦！」我已經順手拿出一顆啃著。

　　「真的？」賓仔自己還沒有吃吧，所以他不知道是否好吃，而完全從同學的反應，來決定是否再去摘取同棵果樹。賓仔不曾說過，這些水果是怎麼來的，但我們心中知道，那是他沿路走來學校或走回家時，順手從路旁的果樹上摘取來的。

　　我很快解決了一顆芭樂，順手在褲子上擦拭手上沾粘芭樂的汁液。我很喜歡這種土生種芭樂的香味。

　　目前在街上，只有偶爾有從宜蘭來的農人才會賣這種土生種芭樂，我們叫它「土芭樂」。宜蘭不是我的家鄉，由於土芭樂的香味讓我對宜蘭有近似於家鄉的感覺。

　　擦乾手後，我從書包裡找出我答應要借給賓仔的手帕，那是今天督學來學校視察的重點之一，另一項考察重點是隨身帶有衛生紙。

　　「賓仔，這條手帕借你。」我小心地從書包的第一層拿出來。

　　「多謝！多謝！」賓仔這麼說，將手帕放入褲子右邊口袋，這是統一的規定。衛生紙規定放在褲子左邊口袋。

雖然我心中想著：「賓仔好像什麼都不在乎，但不知道他為什麼這麼在意檢查手帕？」

我低頭看到賓仔腳上的黑膠鞋，我今天也特地穿上膠鞋來學校。只是賓仔的膠鞋有好個小破洞，看起來很破舊了。

「賓仔，你的鞋子好像才被老鼠咬過！」義仔嘲弄賓仔，但義仔腳下那雙膠鞋也好不到那裡。

「義仔，你也不必七的笑八的。」賓仔笑著回嘴。

我的鞋子還算半新半舊，因爲我一直收藏在兩層的紙盒子裡，才免於老鼠的破壞。在五年級前，通常只有在督學要來考察時，我才拿出來穿。通常襪子也是先放在口袋裡，等到眞的要檢查了，才趕緊穿上襪子。以前就曾有同學在檢查後，就將襪子脫下放口袋裡，後來在走廊被督學碰到時，發現那同學沒穿襪子，還被當場罰站。那位同學說：「對不起，我尿尿快出來。等一下再回來。」隨即跑去廁所解尿後，才回到走廊，還好督學見他已再穿上襪子了，只好叫他回教室。

我將自己要放口袋的手帕從書包拿出來，正要放入口袋時，賓仔發現怪怪的，於是問我：「你的手帕怎麼怪怪的。」

「這是我阿爸結婚時放在西裝口袋的手帕。」我回應賓仔問題。我並不確定我這條手帕是否能通過檢查，因爲只是薄薄的一層，像白紗布對折而成的裝飾用手帕。賓仔覺得怪怪的，堅持要我拿回我借給他的那條「標準」手

帕，標準的意思是因爲它已多次通過不同督學的合格檢查。

從教室的窗戶往外看，那隻天空盤旋的老鷹，仍在天空中嬉玩著。

其實，前一晚回家後，我就一直等著阿母回家，我要她去向二叔借另一條手帕。阿母那天很晚才從田裡回來。她才放下扛在肩上的工具後，我就吵她趕緊去向二叔借手帕。

「我不是買過手帕給你了？你丟掉了嗎？」阿母問我。我猶豫是否要騙阿母說找不到那條手帕，雖然我早已折好那條手帕放進書包了。

「我找不到啦，找了好幾次了。」我騙阿母。

「等一下，我再去找找看，我有印象是放在櫃子最上層。」阿母回應。

「不管啦，你緊去借啦。」

「我還要煮飯給你們吃！」阿母有些不高興了。

「不管啦，你還是先去向二叔借啦。」我也不高興了，有手帕被檢查是天大地大的事，雖然吃飯是皇帝大的事情。

「我要先煮飯啦，你阿爸也快回來了。」

「阿母，緊啦，你緊先去借手帕啦，不然太晚了借不到怎麼辦。」那時候，我心中是很恐懼的，雖然回頭看，也不過是條手帕的檢查，就算沒有，天也不會塌下來。

「好啦，好啦，你先去灶裡起火。」阿母熬不過我再三要求，或許因爲我說得快要掉淚了。

「好啊，我先去起火。」我去後頭的廚房，先拿一梱乾稻草要做為火引子，再去後院外頭的走廊上，搬了三塊木頭，準備起火。大姐見我準備起火，就說：「讓我來好了，你先去準備碗筷。」

由於乾稻草仍有濕氣，因此整個廚房都是白煙。直到火起好了，白煙才漸散去。

「二叔家裡那條手帕早被阿文（土狗）咬爛了。」阿母從二叔家回來了。

「怎麼辦？家裡還有別的手帕？」我一時之間也慌張起來，雖然我早知沒有其它手帕了。

「你也知道啊，根本不可能再有其它手帕。我再去找找你那條手帕，你阿爸快回家了，你先再去衣櫃裡找找看。」阿母再叫我去找那條早已放在我書包裡的手帕。

「你再想想看，是否有其它的嗎？」

「展仔，你不要再亂了，我要先煮飯了。」阿母見白煙已不見了，知道大姐已將火生好了。

我很生氣，但也無計可施，就回到衣櫃那裡，東翻西翻明知不可能找出什麼手帕，但還是抱持著一絲希望，看看是否有什麼奇蹟？

後來阿爸回來了。見我在衣櫃裡東翻西翻，不像在整理衣服，就問我：「你在找什麼？」

「我在找手帕。」

「你不是有一條在衣櫃上層？」

「就是找不到啊。」我只好繼續騙阿爸。

阿爸就直接到廚房去了。我仍抱著奇蹟的心情，在衣櫃裡翻找著叫做手帕的東西。後來，我坐在衣櫃旁的床沿，心情跌落至谷底。

「還沒找到嗎？明天叫你阿母再去買一條給你。」阿爸轉回來告訴我。

「來不及了，明天督學就要來檢查了。明天再去買，已經來不及了。」我喪氣地回應。

「我去拿結婚時穿的西裝，前口袋裡的那條白手巾，看看合不合用？」阿爸靈機一動就去另一個衣櫃。在我還沒有改變心情前，阿爸拿出一條白手巾。

「找到了，你拿去看看。」我接過來一看，原本愉悅心情，又變得不確定起來。因為那條手巾看來很奇怪，根本不像可以擦汗的手帕，雖然我們的手帕只是為了被檢查，擦汗只要四根手指一揮就可以了。

「不知道老師是否覺得可以？」我猶疑著。

「就拿去試試看，這是阿爸結婚時穿的西裝，阿爸才用那一次而已。」阿爸說著。

「好吧！」我只好死馬當活馬醫，把那條手巾放進書包裡。阿爸就到廚房去了。

我心想：「我把我原先那手帕借給賓仔，我就試著使用這條看看。」如此想時，我才放心下來。我再將阿爸的手巾拿出來，試著折疊成幾個形狀，猜想看看哪種形狀，

較能不被督學看出來，這不是一般常見的手帕。找出折疊的方式後，我才滿意地將手巾放回書包。

然後走到廚房準備晚餐了。

昏黃的小燈泡就在餐桌上方，阿母和大姐已弄好晚餐，阿爸、阿母、大姐和我坐在方型小桌的四邊，二位弟弟早就站在餐桌旁準備吃飯了，弟弟就在餐桌走動夾菜。阿爸很少在吃飯時說話，也許是「吃飯皇帝大」，因而大家專心吃飯，因為平時他就很少話了。

我們都以「吃飯」來形容三餐，雖然飯裡很少是純白米飯，白米較貴，因此常混著蕃薯簽一起煮。蕃薯簽是指將甘薯清洗乾淨後，用力刷過鐵篩子後，將甘薯剉成條狀，晒乾後儲存起來，再用來和白米一起煮。今天有我愛吃的炒竹筍，另外是炒菠菜，和昨天村人周仔伯嫁女兒宴客後的混合剩菜。

這是村內的習俗，婚嫁宴客時在每道菜的份量上總是會準備多些，待宴客結束後隨即將沒有被打包帶走而剩下的所有菜，再全部混在一大鍋裡煮過，形成一道很特殊味道的菜色，通常你只要聞到那味道，你就知道那一天有人家結婚宴客。主人之後即會提著大鍋子，一戶一戶用大湯匙做為分量器分送這道菜，人丁較多的家戶，給與較多的湯匙份量。我最喜歡的是其中常有的鴿蛋。

「展仔，你有找到手帕嗎？」阿母問我。

「阿爸拿他的西裝手帕給我了，我帶去學校看看是否能合格？」我說得有些無奈。

「有就好了啊。」阿母這麼說。

「明天會有雞肉可吃，那是一隻老鷹沒抓緊，從半空中掉下來，讓我撿到的。這是很稀罕才會發生的事情。」阿爸說得有些得意，這是在吃飯時很少見的場景。阿爸繼續描述，他如何看到那老鷹急俯衝而下，很快抓起那隻雞後，往上飛起卻又抓不緊而掉下的情景。「我看到後就趕緊跑過去，剛好那隻雞就掉在離我不遠的地方。」我跑去看那隻雞，已經斷氣了，翅膀上都是血，很大的一隻公雞。阿爸形容那隻雞掉在地上後，起初翅膀還在掙扎想站起來，但很快就斷氣了。

「也許太大隻、太重了，老鷹才會抓不穩。」我高興地說著。因為每隻雞只有兩隻雞腿，我和大姐與兩位弟弟輪流分吃雞腿。我很高興是因為我可以分到其中的一隻雞腿，這隻雞是輪到我和大弟分享雞腿。阿母有養雞，但大多是有神明拜拜時，會殺雞祭拜後才有雞肉可吃。

「不知這隻雞是誰家的？」大弟隨口問著，但是沒有人回應大弟這個問題。

我很快吃完了晚餐，隨即回房間寫功課了。趴在木床板上，寫功課時，我心中仍掛念著明天督學檢查手帕和衛生紙的事。大姐幫忙洗完碗筷後，也拿著功課一起書寫。聽到阿母在廚房裡處理那隻雞時，以菜刀剁在木頭砧板的回響。

同學愈來愈多了，窗外那隻老鷹依然在天空盤旋。一股不安的氣息迷漫著教室。訓導主任開始從麥克風裡，向

全校師生放送他的叮嚀。也許他是全校最不安的人吧，以麥克風傳播著一層又一層的不安。「請各位老師先自行檢查每位同學的手帕和衛生紙。」

「宏仔，你用這條，我用你手上那條好了。」賓仔伸手要換我手上的白手巾，他也覺得阿爸西裝上的白手巾怪怪的。

「你就拿那條手帕好了，不必再換了。」我堅持我原先的做法。

「不行啊，我不拿這條手帕。」賓仔堅持要拿那條怪怪的白手巾。

「賓仔，沒關係啊，沒問題啊！」

「不行！不行！不然我不拿手帕了。」

我只好接受賓仔的意見，將西裝白手巾交給賓仔，賓仔將它放進褲子右口袋裡。我則將我原有的手帕拿回並放進口袋。

仍有三位同學沒帶手帕，老師也莫可奈何，至於沒帶衛生紙者，則請幾位同學各捐一張出來，再分配給沒帶衛生紙者每人二張。

每堂下課期間，仍會重覆聽到訓導主任透過麥克風，傳送著同學要注意禮貌，要立正敬禮，要大聲叫「督學好」，要說「謝謝督學」，要相互友愛，要相互扶持，要……。每次督學來視察時，就是所有「生活與倫理」課程的總複習。

後來，督學沒有來視察。同學反而罵聲四起，雖然也舒緩了一口氣。

這種情形以前也曾發生過，雖然解除了警報，但是那種不安的氣氛，並不是一下子就不見了。訓導主任在麥克風裡說著：「督學今天不來學校了，希望大家隨時保持好習慣。」

我的心情是：「還好，反正逃過一次就算一次吧。」賓仔還給我白手巾，表示：「宏仔，多謝！」我將手帕收好放進書包裡。好奇怪，那時候我一直覺得賓仔「很可憐」，這是很莫名的感覺，也許是他的膠鞋比我的還要更爛吧。

「白馬的白很像這條手巾的白。」賓仔細聲跟我說。

他不想讓別人知道白馬的事，因此，我只是點點頭。現在回想，賓仔當時這麼說，好像還有別的什麼要表達，只是我當時沒有意會到這點。也許「白」色是最豐富的色彩，目前我還難以回溯當時蒼蒼茫茫的感覺，最好的代表就是白色，但是這又跟蒼白的白有所不同。其實當年是否為「蒼蒼茫茫」的感覺，我也突然困惑起來，「蒼蒼茫茫」是此刻浮現的想法。

不安的氣氛在放學前一刻才平靜下來。今天老師並未對賓仔口袋的那條手巾有意見，也許以後也沒問題吧，只是督學沒親自看過，還是很不確定，那條西裝白手巾是否為「手帕」？

回家的路上，不少人都已將膠鞋脫下來了，將鞋帶綁

在一起，然後掛在肩膀上。除了不習慣腳上有鞋子，覺得怪怪的外，只要少穿一次，膠底就少被磨掉一次，可以使用更久的時間吧。

12.
　　有一天，我因為晚起床，比平時晚約20分鐘出門搭公路局。國三時的高中聯考模擬考還有二天就要舉行，原已計劃當天早自習時，要複習二年級的地理課前五章。當時出門前，我滿心不高興，生氣阿母出門工作前竟沒叫我，使得我晚起。父母那天因要到更遠地方做雜工，比平時更早出門，無法如平時那般叫我起床。

　　當我到了公路局車站時，遠遠看見賓仔和另兩位國二學弟在拉拉扯扯。好像賓仔想要搶下其中一人手上的一張紙，另位學弟一直故意擋在中間。賓仔出力想要推開中間那位學弟，由於體型和力氣都比對方弱小，而一直被擋掉。那位拿著張紙的學弟則故意在半空中搖晃那張紙，逗著賓仔愈生氣，卻始終無法貼近對方。

　　另有三位學生在等車，只是遠遠看看他們。賓仔和那兩位學弟甚至差點跑到接近公路旁的白線，有一輛大卡車還大聲急按喇叭，刺耳的聲音傳得很遠很遠吧。

　　我加緊腳步，想要知道是發生了什麼事。

　　「將相片還給我！將相片還給我！」我聽見賓仔急切地嚷著。

「你拿二十元出來，我就將相片還你。」拿著相片的學弟大聲威脅著。

「將相片還給我！將相片還給我！」賓仔重覆著同樣的話，聲音變得更急切和緊張。

「錢拿來再說。」擋在中間的學弟也這麼說。

「將相片還給賓仔。」兩位學弟與我是同村人，大概怕我跟他們家人說，隨即停了下來。但他們仍沒有將相片還給賓仔的樣子。賓仔仍想越過中間的學弟去搶回相片。

那位拿著相片的學弟，竟做出想要撕掉相片的動作。

「不要！」賓仔大聲嘶吼。賓仔又開始追逐持相片者。來來往往的車子在公路上急駛而過。

「將相片還給賓仔。」我大聲吼叫，雖還不知道到底發生什麼事，我很快就加入賓仔這邊，要那兩位同村學弟將相片還賓仔。原本我還在生氣阿母今早沒有早點叫醒我，害我睡過頭了，今天去學校時，早自習時間應已過了快一半了。也許加上這些憤怒，那兩位同村人被我的大聲吼叫嚇著了。

「展仔，算給你面子。」擋在中間者這麼說。但是持相片者卻故意隨手將相片丟到路中間。只見相片在半空中，如同臘葉在空中滑翔，後來被一輛不停靠我們村小站的公路局直達車撞了一下，相片往上飛更往道路中間。

「賓仔，不要衝過去，會被車撞到！」我用力拉住賓仔，賓仔仍一直想往路上衝。我才真正感覺到那是一張很重要的相片。剛走到車站站牌的順伯仔，怕賓仔出事，就

往前攔住往高雄這側車子，車子主人還大聲按喇叭，表達不爽吧。賓仔趕緊跑到路中間，撿取那張神秘的相片。

賓仔撿起相片後，將相片在他的衣服上擦拭，我那時才看見那張相片的內容，但並未看得很清楚。好像有一位女人站在中間，左右各有一位小孩站著，一位是小男孩，另一位是更小的女孩，不確定是否為女孩因為也留著短髮。昏黃色澤的相片裡，三人站在一棟平房瓦屋的大門前。相片中的三人都沒有笑容，很拘謹地看著前方相機的樣子。

賓仔似乎不想讓我看見相片內容，很快就將相片放進書包裡。公路局普通車到站了，我拉著賓仔上車，順伯仔擋著那兩位同村學弟一起上同部車，怕車上有紛爭吧。我看賓仔的樣子好像只要拿回相片，並不想再與那兩位學弟有爭執。

上車後，我與賓仔往後挪位。剛剛的緊張氣氛才逐漸平息下來。

「他們幹嘛拿走你的相片？」我仍有生氣的感覺，對阿母未叫我早起，讓我錯過了早自習，加上我覺得賓仔似乎不夠朋友，不然，怎麼不願讓我看那張神秘的相片。

「我也不知道，他們一來就搶走我的書包，說我的書包怎麼空空的。」賓仔有點無奈。

「要模擬考了，你怎麼不想好好讀書。」我知道這麼說是很傷害他，還是忍不住說了出來。

「……」賓仔好像不願回答這個問題。

「你明知要考試了，還不好好讀書，還跟那兩位學弟鬼混。」我好像是賓仔的兄長，竟然莫名地教訓起賓仔。

「你知道什麼！我又不是真的不想讀書。」賓仔不耐煩地回應，但很快又將情緒收回去。

「他們幹嘛無緣無故搶你的相片？」我依然未自制情緒再反擊。

「不知道啦。」賓仔隨即又沈默。

「相片裡是誰？」我以追擊來回應賓仔的不願回應。

「你不要多問啦，沒你的事！」

「算了，不想管了！」我回應賓仔，顯得很生氣吧。賓仔說沒有我的事，大概很傷害我吧，讓我很難下台，不知如何說下去。我就拿出原先計劃在早自習時讀的地理課本，不想再理會賓仔。賓仔也不管我的反應，好像事情已經過去了，就兀自看著窗外。下車後，我直接往校門走，故意不理會賓仔，他也沒多說什麼。我對於相片裡的三個人是誰，卻突然新增了一股想要多知道的心情。這是一股很奇怪的衝動，我想著：「這一兩天，我一定要找兩位學弟問一下。」

進了校門後，除了讀書之外的其它心思都被吸走了，那天，我全心地準備著模擬考的課目。好像早上所發生的事情，都不曾發生。這是很奇特的人類心思活動和不活動吧。好像只要努力，一切都會如我所意，我真的很接受這種說法，「不是一切都能如人意」，這是很久之後才真正接受的想法了。這種想法一直驅動我的人生沿著公路，從

家鄉往鳳山、高雄、台北的方向走，做為脫離苦境的方向。或者說，這一切都是為了要跟父母所有不同。

直到有一天。離那天的爭吵有兩個禮拜以上了吧。我依然很少再碰見賓仔，這是上了國中後的情況，雖然我們就讀相同的國中，我就讀的是升學壓力強的忠班，而賓仔進國中後依小學成績編班，就被編在恥班，那是同年級的最後一班。

這天村裡的發伯仔嫁女兒，禮拜天的中午在廟前廣場，有辦桌請客。我原本不想參加，想留在家裡讀書，阿母催我一定要參加，因為發伯仔一直很照顧我們家，常幫阿爸和阿母介紹什麼地方有臨時雜工的需求，在農閒期間做為貼補家用；家中有時急需錢時，例如新學期要繳交學雜費，就需要再多做雜工來增加收入。阿母也說：「你整天讀書，也要出去走走，比較好。去進補一下身體。」

後來我碰到了那天拿著賓仔相片的村人，我才想起之前的那件事。我的好奇心又突然被激發出來。

「你那天拿的相片是賓仔的？」我不再生氣了，我只是好奇地問著學弟。

「你不知道？」學弟顯得很訝異，他好像覺得我和賓仔是好朋友，已經那麼多年了，我竟然不知道。

「我只是想多了解一下。」我的回應反映著我不願意讓學弟嘲笑不認識賓仔。我甚至覺得：「如果我一副不知情的樣子，他一定會吊我胃口。」我因此再加一句：「你看賓仔那麼急。」也許是我突然也急切起來吧。因為學弟

的「你不知道？」裡，反映著有驚人的訊息，我竟然不知道。

「起初我也不知道，當我們從他書包搶了那張相片，他突然大怒，口中說著：『把我阿母的相片還我』。」學弟描述著那天我還未到車站前的情景。

「只是開玩笑，因爲他成績一直很爛，我們只是好奇，他的書包裡放什麼？」學弟解釋何以會故意搶賓仔的書包。

「你們幹嘛搶走他的相片？」我仍好奇著相片裡的故事。

「那相片從書包裡掉出來時，他顯得那麼心急，我們才會故意捉弄他。」

「展仔，來坐了。」阿母叫我去坐她旁邊。

「好，等一下就過去。」我回應阿母。廟前廣場喜宴場合的辦桌，麥克風裡放送著日本演歌，很熱鬧，客人漸漸多了。是大好日子，中午，大家得坐在太陽底下，發伯仔笑容滿面地招呼著人客。

「你說，那相片是賓仔的母親？」我急著問學弟。

「只是聽他這麼說，我記得相片裡有三人，其中兩位小孩，一男一女。」學弟回應，由於人愈來愈多，說話聲得更大些。

「所以相片裡小孩是賓仔和他妹妹？」我問著學弟。

「也有可能。因爲村內人說，他祖父年輕時因爲『亂

說話』，被國民政府捉去關，半夜的時候，他爸爸因為要拉住那些人，也被痛打了一頓後，一起被抓去關了。」我不解這是什麼事，學弟也說得很膽怯，好像還好有日本演歌大聲放送著歡樂氣氛，才能掩蓋著學弟的不安。

「我不懂你所說的。你是說因此相片裡沒有男人的大人？」我問著學弟。

「我也不懂啦，反正你不要問那麼多，才不會惹麻煩。」學弟顯得不安了。

「展仔趕緊來坐了。」阿母再叫我。

「我真的不知道了，大人都說：『不要隨便說話』，我只聽說，後來賓仔的阿母就帶著他和女兒，搬到仁美了。」學弟說得很急促，某種不安突然在他的嘴角上提升了起來。

「你怎麼知道的？」我的疑問不是真的想多問，而是覺得自己和賓仔做朋友這麼多年了，竟然一無所知。

「你不要管那麼多啦。不要找自己麻煩。反正只是聽說的，誰也不知道是什麼？你不要說是我說的。」

新郎已經牽著新娘出場，要往主桌坐了，鞭炮大聲地響了起來，蓋過了日本演歌的放送。

「我要去坐了。」學弟說完就走到他阿爸和阿母的旁邊了。我只得往阿母那邊走。

後來，村長和鄉長接連致詞，都講了很久。還好喜宴的菜在他們說話時，就同時開始上菜了。後來，還有三位

女歌手上台唱歌，其中一位還大跳脫衣舞，直到只剩下難得看見的黑色內衣褲才下台。大多數人都盯著舞台看。

我的心思起初沈陷在賓仔的疑惑裡，直到後來上了我最喜歡吃的皮蛋，以及「（豬肉）封肉」後，那些疑惑就統統被食物掩蓋了。

結束宴會時，太陽只在日正當中再偏斜一些，有些人趕著還要下田工作。我擰著兩袋宴會所剩下包回家的菜，跟在阿母的後頭。一包是封肉，一包是最後上來的魚丸湯。這可以做為晚飯的主菜。回家途中有幾位長輩，都問我是不是快聯考了，我回答「是啊」，然後就結束了話題，我想回家看書了，其他人也都還有其它事得做。

「阿母啊，你知道我同學賓仔嗎？」我想從阿母那裡多知道一些關於賓仔家的事，但阿母以前曾勸我不要常與賓仔接觸，我問得有些膽怯。

「什麼事？」

「賓仔有阿母嗎？」我問得有些奇怪。

「不知道是不是事實，有人說他阿母是壞女人，後來跟別人跑了，有人說病死了。」我嚇了一跳，怎是那樣。

「黑白講，怎可能！」我順口回應，但說得很小聲，不確定阿母是否有聽到。

「反正不要去談這些，傳說他的上一代因為『亂說話』，被政府點名做記號。」阿母所說的和那位學弟所說的，有部分重疊的訊息。阿母後來說「囝仔人有耳沒嘴」，然後就不再說話了。

　　我的沈默裡再度浮現對賓仔的可憐之心。悲傷的故事總是讓我想要忘掉它，或者因爲模擬考一次再接另一次，佔據了所有心思。也許這也是我對於故鄉充滿複雜情感和想法的原因吧，花時間使用多種色筆在課本上，對考試重點塗塗抹抹，多過於睜開眼睛，好好看著鄉村裡的花花綠綠。好像各種色筆在教科書上劃出考試重點，所塗抹出來的花花綠綠，就是未來離開南都後，某個北方之都的花花綠綠。

　　那個時代，大家都想成功，賺大錢，回故鄉。後來卻發現，故鄉已不同於以前，連年老的父母，也不再是當年整天忙碌的父母了。回故鄉，變成了不知是爲了什麼，更像是教育告訴我必須要這麼做，爲了盡責。我知道，在心中某處，仍在尋找那種早已不見蹤跡的過去。

　　我仍決定要找一條回家的路，記憶也是回家的一條路，縱然那註定是不完整的記憶。那時對賓仔的故事充滿好奇，也一直視賓仔是我最好的朋友，但這與阿母的期待相違背，當時我也就不再多說什麼。只是回頭一看，卻發現我不再多說什麼，卻連記憶也被削減掉了。我相信，這是何以我努力書寫賓仔的故事，想要找到當年某條不被允許思考的，回到故鄉的路，對於這位與我「命運」很不同的朋友。那時候，能夠形容的字詞很有限，「命運」是個容易傳達，好像只要話一說出，就相互了解那是指什麼。

13.

　　這輩子，我都在與「命運」對抗吧，雖然早已知必然是輸家。

　　或者，我從來不曾認識什麼是命運，唯一能做的是努力拿著各式色筆，重覆在課本的某考試重點上，塗上不同的包彩。這些花花綠綠也是孤獨埋首書堆裡的裝扮，各種色彩就是廟裡求得的最佳護身符。

　　後來，我還是不知道「命運」是誰，只知早已輸給它了。起初，我以為前進的道路很清楚，完全在於自己的書桌前；後來，我終於知道，其實是踩在其他人的胳臂上，假裝命運就在掌握之中。

　　小學時，督學還是來了。督學是學校的神祇，也是學校的命運，常常讓我被罰站或挨打的命運之神。

　　國小四年級。離上次督學預定要來，最後卻沒來後兩個禮拜吧，反正印象裡不會離太久的時間就是了。這次是突襲檢查，督學並未告知學校當局，逕自在下午第二堂課的中間來學校。雖然事後有老師曾輕輕帶過：「這位督學與校長有恩怨，所以才來突襲。」這是大人的事，何干我們小孩呢，最後總是有我們被罰站做為視察的終局。

　　「我們要做個堂堂正正的人，這是教育的目標。」督學在離校前，對全校師生的演講這麼說。這一次從頭至尾，我們全部立正聆聽督學的訓話。

　　我記得當天下午第二堂課，是書法課。一位老師突然跑進教室，和書法老師交頭接耳後，隨即轉身離開，但書

法老師的面容像被暗夜鬼魂嚇著了。

「趕快，將你們的課外參考書收起來，放到講台下。」我們也是訓練有素的學生，老師這麼說，我們都馬上了解她的意思和目的，大家趕緊將書包裡的課外參考書，藏在講台底下，以免被督學查到，不然校長可能會被記過處分。我們知道，如果校長和訓導主任難以度日，那麼，我們只會更慘，會有更多人被罰站，會有更多人被打手心。

以現代的人生經驗來假設，要讓我們這些貧窮家庭的學生，再另花錢購買課外參考書是很折騰的事，但是搞不好那位督學可能與課外參考書的書商有所關連？這只是假設，我們能做的是必須做到不被看到，不是不准購買。這種想法若在當時出現，一定被視為偏激份子，刻意要破壞教育界的團結。

我也趕緊跟同學一起將書包裡的課外參考書，都丟入木造講台底下。老師要大家保持安靜，繼續寫大楷書法。那天要寫八個字：「保密防諜，人人有責。」我繼續第三個字「防」，突然教室變得更安靜。督學突然站在我後頭說：「手臂要抬起，不可靠在桌上。」我嚇了一跳，趕緊照著做。督學走上講台說：「書法是練心的方式，要心在、字在、人在。」陪同來的訓導主任要大家說：「謝謝督學的教導！」我們跟著大聲複誦了這句話。督學笑嘻嘻很樂意地接受了我們的讚許。

後來聽說，這位督學特別自豪自己的書法，因此來學

校時，開口就問那一班正在上書法課，原本要秀一手好字給同學看。只是不知何故，後來他沒有當場揮毫。我們甚至感嘆，如果這天督學當場秀書法，在獲得同學的大力鼓掌後，也許這天所發生的事都會改寫了。

或者，隔週後，書法老師仍然餘悸猶存，輕描淡寫地說：「聽說，原本有興致秀書法身段的督學，因為進教室後，看見這麼多人打赤腳，揮毫的興致就全不見了。」不知道書法老師的說法是否為「亂說話」，但是在那學期結束後，就不曾再看見那位書法老師了。因為學生和她並不是很親近，這事後來也沒人再提起。

「同學們起立，站到後頭！」督學在接受我們齊聲讚許後，突然收起笑臉，要我們站到教室後頭。我們不知道督學要做什麼？

「班長整隊，大家站整齊！」訓導主任要求班長。

「升旗隊形」班長喊著口令。「立正、對齊」、「稍息」然後向督學敬禮。

「沒有穿鞋子、襪子，沒有帶手帕、衛生紙的同學，站到教室外的走廊。」幾乎全班都走出去了。督學又下口令：「只要沒穿鞋子、襪子站在外頭去。」後來有另一半人走回教室。

督學在教室內走來走去，大家都屏息著，不知道督學在想什麼。我瞄向天空，臘葉依然在空中盤旋，臘葉正在等待食物，看準食物後，它會急速飛撲而下。

「訓導主任，你怎麼帶學校的，連校長也不關心這些

事！」督學突然大叫，很生氣的樣子。校長不在教室裡，但督學連校長也一齊罵了。

「是！是！」訓導主任謹慎地回應。

「怎麼搞的，這樣子，怎能帶出好學生呢！」

「是！是！是！」

以下是我後來聽留在教室裡的同學轉述的。督學突然在我的書桌旁停了下來。他隨手伸進我的桌屜裡，拿出了一本「健康與教育」的課外參考書。同學說訓導主任當時臉色發白，顫抖地大聲問：「這是誰的參考書，我不是再三交待，不可帶參考書來學校！」我不知道那是我的課外參考書。

督學拿著課外參考書走到外頭，大聲說：「這是誰的參考書，快來承認。」我一眼就認出是我的，因為我在自己外加封面上寫了「健康與教育」，我認得字跡是我的。我卻走不動的感覺，闖了大禍了，心想：「我不是已將參考書都丟進講台下了嗎？」但很快想到，我在午睡前曾拿出這本參考書閱讀，後來還沒有放回書包。剛剛匆匆忙忙只檢查書包，忽略了桌屜。完了！在我將踏出腳步，並說出那是我的參考書之前，卻見賓仔箭步向前說：「報告督學，那是我的。」

我鬆了一口氣，也很不安，但我並未接續做什麼動作。我的身體變得愈來愈僵硬，很害怕吧，害怕我自己會突然出場，做為督學的獵物。賓仔的出頭卻讓我不知如何是好，這種恩情恐怕一輩子也還不完的害怕。事後想想，

這種心情是過於誇張的，但絕對是如此，「誰怕誰呢」，但是當時這兩種完全不同性質的事，卻融合在一起成為一種「害怕」，這讓我很混淆，又增加了一層害怕。

「你叫什麼名字？」督學問，他試圖讓自己比較優雅些。

「許文賓！」賓仔回答得很快，好像這答案已經準備很久很久了。

督學開始翻閱參考書的內容，一頁一頁慢慢翻，好像在找神秘的東西，氣氛很緊張。

「三餐要『？』，才能保持健康。」督學翻至某頁，當場考問起賓仔。賓仔站在那裡，根本不知如何回答。我記得標準答案是『均衡飲食』。我真的差點以為督學是在考問我，而要說出答案。賓仔答不出來，只見督學拿起「我的」參考書，往賓仔的頭上敲下，不是很用力，但也會痛吧，只見賓仔頭縮了下去。

「走路要『？』，才是堂堂正正的人。」督學再問另一題。賓仔的頭預先縮得更下去了，連肩膀也要垮下來的樣子，但仍有一股奇妙的力量，勉強支撐著賓仔的肩膀。我知道答案是『抬頭挺胸』。督學再以參考書敲了賓仔的頭，並說：「你這樣像個『縮頭烏龜』」。

我是抬頭挺胸站在那裡，但是我的心卻低得像躲在地洞的蟋蟀，覺得對不起賓仔，也覺得「還好，我都記得答案。」

我的身體依然僵硬挺著我的肩膀，但知道督學考題的

答案，讓我感到有些驕傲與得意吧。

「參考書畫得花花綠綠，卻一點也沒記起來，這有什麼用。」督學罵著賓仔。

「我有想讀書，只是記不起來。」賓仔竟然頂起嘴來，我更替他擔心，訓導主任也企圖暗示賓仔，不要「亂說話」。

「我不是不想讀書。」沒想到賓仔再說。訓導主任看情形不對，趕緊勸賓仔：「許文賓，趕快謝謝督學的指導！」賓仔卻緊閉嘴巴，不肯依訓導主任的話回應。後來，督學的陪同隨員，翻開隨身帶的一本很厚的資料，然後在督學耳旁輕聲說話。

「原來你阿公和阿爸是愛『亂說話』的人，才會有今天的下場。難怪你也亂說話。」我們根本聽不懂這些話，原以為賓仔會再頂嘴惹來更大麻煩，卻只見賓仔突然變成洩氣的皮球。賓仔整個人都垮了下來，頭低得更低，好像他早就犯了滔天大錯，隨時準備要接受懲罰。

還好，督學原本要說什麼，卻閉嘴未說，就逕行往隔壁班走去。走前，他還將「我的」參考書隨手丟在地上。

我們一直被罰站，老師們都忙著跟著督學，沒有人叫我們做什麼，我們這群光著腳的同學，就一直站在教室外的走廊。我們當然不可能一直立正站著，總會有人講話，或者有人進教室拿東西後，又回到隊伍來，直到下午第三堂課鐘聲響。老師來說，準備到操場集合，參加降旗典禮與督學訓話。趁亂時，我趕緊將我的「健康與教育」參考

書撿起來，跑到講台前，將那本參考書丟進講台下。

督學的訓話一直圍繞著「堂堂正正」，我的心思一直陷在賓仔替我挨打的事。心中一直很不安，並未仔細聽督學說些什麼，只覺得很多次的「堂堂正正」被塞入耳朵裡。後來，我愈想愈覺得，這位堂堂正正的督學，可能沒有在我們班上秀他的書法，一定讓他很痛苦，再加上被賓仔頂嘴，一定更痛苦，才會一直強調做人要「堂堂正正」。

終於訓話結束了。我們的麻煩才要開始。在校長和訓導主任送走督學後，訓導主任再度上司令台，他生氣地罵我們沒穿鞋子與襪子，甚至大罵有人沒收好參考書，竟讓督學查到了。訓導主任真的相當生氣，竟還說出他可能會被調職，那時候，就沒有人能如他這般照顧大家了。訓導主任成功地讓我們對於所做的感到對不起他。他的情緒好像要將操場的草皮重新翻過一次。「今天被督學罰站的同學，要留下來，在操場上罰站半小時才能回家。」這個處罰又再度趕走了我們對不起他的感覺。

對於督學的陪同者和督學的耳語後，然後督學說賓仔阿公和阿爸都是「亂說話」的人，我當時未留意到這句話的意涵。其實到目前，我也僅是有一些台灣當年政治意涵的概念，對於賓仔家人的情況是什麼，也只是這些片言隻語而已。對於賓仔替我出頭，而被歸類為「亂說話」，我心中覺得不服氣。無奈，我們只有聽的份，無法說說我們的想法。這讓我更擔心賓仔的狀況，擔心他因此受到傷害。至於可能是什麼傷害，我沒有具體的想法，但的確有

股擔心的感覺油然而生。那種感覺就像空中飛揚的臘葉的食物，我們僅是左閃右躲，永遠不知道是否能逃過下一次。

罰站結束後，我們趕緊回教室，同學合力將講台掀起來，將底下的參考書都拿出來，同學將這些參考書取回後，準備回家了。我其實很喜歡看那些課外參考書，有很多教科書外的補充知識，學校要求另買這些參考書，也常讓阿母很頭痛，因為她常得在開學前即要先標會，付我們雜費和這些課外參考書。但是每次督學來學校，總是將這些補充教科書的參考書，視為教育的仇敵，這是至今我仍難以完全理解當時到底是怎麼回事？或者說，當時只覺得這些大人的事，真的很難了解。雖然我並不是那種很想要了解大人是怎麼回事的人，我更關切的是，假日時，村和村之間的棒球賽。

雖然有部分同學大罵督學與訓導主任，但是更大部分同學已經很習慣這種生活方式了。我想著，若不是我的疏忽，讓督學找到我的參考書，再加上賓仔跳出來幫我頂著，我也可能顯得事不關己。

督學的突襲讓整個學校都癱瘓了，連回家的路隊，未如以前一隊一隊地整隊出發，而是就地解散了。那天，老師未再來班上宣佈事項，也許他們還在開會討論，如何處理督學所帶來的影響吧。

我和賓仔正要回家時，聽到麥克風廣播：「許文賓速到訓導處！許文賓速到訓導處！」我與賓仔都楞了一下，賓仔將書包背上往訓導處走去，我說：「賓仔，我等你一

起回家。」

「你先回去吧！」賓仔表示。

「沒關係，我等你一起回去。」我堅持要與他一起走回家。

約十分鐘後，賓仔走回來。他一副不在乎的樣子。

「老師叫你去做什麼？」雖然我知道跟「我的」參考書有關吧。

「沒什麼啦，老師說來說去，還是一直罵我，怎麼那麼不小心，沒將參考書收好。」賓仔說：「老師還說這很嚴重，可能校長和訓導主任都會被記過。」

我對於校長和訓導主任會被記過，並不覺得在意，但是對於賓仔幫我出頭，我的心情其實是矛盾的，我已經欠他一次很大的人情。我深深知道，欠人人情是一輩子的事，而且一輩子裡很難還清。這也是阿爸和阿母常說的想法。但是阿母一直要我不要跟賓仔太接近，這讓我回家後，不能談今天所發生的事情。很多事情就這樣擱在自己心中，就在不知不覺之間，從記憶的空隙裡溜走了。心中只是希望，大姐不知道我班上所發生的事，不然她若先跟阿母說了，那可就很麻煩了。

「賓仔，你的頭還會痛嗎？」回家的路上，我問著賓仔。

「不會啦，早就忘掉了。」

「真的啊？」

「是啊，還好後來督學沒再多說什麼，不然我怕自己會出事。」

「督學爲什麼會說到你阿公和阿爸？」

「我也不知道啊，眞是莫名其妙。」賓仔不想再多談這件事，但也像他眞的覺得那很莫名其妙，他根本不知道是怎麼回事。

我對於說聲「謝謝」，仍覺得不知如何啓口，也顯得不是很想多說些什麼。後來，我和賓仔保持著沈默，慢慢地沿著省公路回家。已經比平時晚回家了，阿爸和阿母不可能這麼早就回家。

那天，我也不急著回家讀書。

從校門出來後，右轉，這排馬路旁有不少小店，有一間雜貨店，店門口平攤著很多可以抽一張小牌，看你是否能夠得到更大的獎品，每抽一次兩毛錢卻可能獲得十塊錢的獎。我們都知道那些大獎的牌，可能早就被老板私下弄掉了，但還是有人想賭賭運氣。我和賓仔在店門口看看這些抽牌式物品，我身上只有今早阿母給我的兩毛錢，我不希望去賭抽牌，若沒抽到，我會很傷心。賓仔可能也沒錢，因此稍看看，我們就說走了吧。

走了大約二十幾戶平房後，再右轉走入一條直通省公路的三米寬產業道路，走約十五分鐘才會到省公路。兩旁都是稻田，秋天季節，稻穗還未飽滿，隨著微風擺動著。我的心思不是對這有特別感觸，口是在混時間，但是這種混時間的方式和被罰站時的混時間，倒是有不同的感覺。

有些白鷺鷥群起群落，逐漸飛離靠產業道路這邊，往另一邊移位飛去，並非一路飛去，而是邊移位邊停下來找蟲吃，然後一陣子再一起起飛，愈飛愈離我們愈遠了。

賓仔蹲了下來，在產業道路旁的小水溝，先洗手，然後撥水至臉上。好像要洗掉什麼似的，我只是站在一旁等著，小溪裡的水很乾淨，尤其是對比我和村人常去游泳的那條大溪溝乾淨多了。

「什麼叫做『亂說話』？聽老師的說法，好像那是犯了很嚴重的罪，跟我們的『話虎瀾』不一樣？」我再問賓仔。我們正在等待省公路上來來往往的車子，今天沒有糾察隊協助過馬路，沒有車子會為我們而慢下來，我們只能慢慢等。我們準備要穿越過去，走到省公路的對面後再往左走。

「我也不知道，到底怎麼回事？」賓仔繼續說：「不論如何，那隻有翅膀的白馬，一直在我的心中。有一陣子，我不曾再遇見那隻白馬了。不知牠跑去哪了？」

賓仔再度提及白馬的事，不知道怎麼回事？我對於他提及白馬的事時，總覺得替賓仔欣慰能有那隻白馬陪伴著他，雖然聽賓仔的說法，並不是他想見白馬時，白馬就會出現。

陪伴我的是那些被我用各式色筆，畫成花花綠綠的書本，雖然今天書本也替我惹來了麻煩，卻讓我更珍惜賓仔這朋友。賓仔的勇氣更顯得我的貧困與懦弱。有白馬做朋友的人，比有花花綠綠的書做朋友的人，顯得更有尊嚴吧。

我相信「尊嚴」這兩個字，是最近在書寫賓仔的事時，才真正浮現的字眼，當時只是一種模糊且難以言明的感覺；或有些像那位督學見到一群赤腳的學生時，揮毫書寫的感覺和衝動就不見了。

我和賓仔趁沒有來車的空檔，很快地跑過四線道的省公路。沿著省公路走約五分鐘，賓仔得先轉入小路，我則繼續沿著省公路走回家。在他轉入小路時，我說：「賓仔，多謝你今天幫忙我。」賓仔笑著說：「爲朋友做這些，不算什麼。」

後來，我愉快走回家。不只是我說出了「謝謝」，而是賓仔也當我是朋友。回家後，我先用木柴升火煮熱水，準備晚上阿母和阿爸回來後洗澡用。我隨即又趴在床上寫著今天的功課。

14.

我必須說，我的確是嚇一跳，充滿了驚訝的心情。這場景讓我停在那裡一陣子，我真的不知該說些什麼，就只是站在那裡，想等他們話說至某個段落後，我才去跟賓仔打招呼。

我原本急忙想到國中學校對面的夜市裡，買個麵包後，就要趕回教室晚自習。晚自習是同學自願在下課後，繼續留在學校自修，雖說是自願，但只要看晚自習時有多少空位，就知道這一班是否爲升學班。我在三年忠班，幾乎所有人都留下來晚自習。剛走入夜市不遠，就看見賓仔

站在烤玉米攤販前面，他面向馬路，另有一位女孩面對著他。

「哥，你拿去用啦！」一位穿著很入時的女孩，實質年紀應比外表小的感覺，對著賓仔這麼說。吵雜的摩托車聲經過他們身旁，車主故意不斷急促催油門弄得更大聲，要大家趕緊讓路。那輛摩托車在不遠處停下來，車主偶往賓仔那邊看。我看見那女孩手上拿著一疊百元鈔，要給賓仔，但賓仔一直拒絕拿取。賓仔是否出了什麼問題，需要幫忙？

「不要啦，你自己用就好了。」賓仔顯得不耐煩地推開那把鈔票。

「你明明沒錢了。」女孩也說得有些生氣。

「我不拿你的錢。你賺的錢，自己用就好了。」賓仔仍堅持。

「我知道你根本就沒錢了，幹嘛不拿去用，錢又不是搶來的。」女孩很堅持，也很喪氣的樣子。

除了繳交學雜費外，我手上很少一次拿過那麼多錢。我突然想起，那女孩就是不久前曾向賓仔問路的「落翅仔」，因此引起兩派人馬在學校操場幹架。那場幹架害賓仔挨了好幾拳，因腳踩到圖釘，未能即時跑離操場，以致被訓導主任處罰站在操場中間曬太陽。我覺得很像那個女孩子。但是我還不是那麼確定，只隱約感覺那女孩的氣質有些相像。

騎著腳踏車叫賣芋頭冰的老伯，邊騎車邊搖著鈴鐺，

騎過我和他們之間。今天的錢只夠買個紅豆麵包，無法再買芋頭冰，只好看著老伯的車從眼前走過。今天早上由於阿母很早就出門了，加上昨晚的剩菜不多，只夠準備一個午餐便當，為了在下課後晚自習有些體力，我才到國中對面的熱鬧夜市，想買一個紅豆麵包解飢，才能撐到晚自習後再回家晚餐。

「拿去啦！」女孩近身硬要將錢塞入賓仔的褲袋裡。

「不要就是不要啦！」賓仔硬是以手壓住袋口。

「哥，拿去啦！你逞什麼強啊！」女孩掉淚的語調，哀求賓仔收下錢。我倒同情起那女孩，也生氣起賓仔的固執。

閃過一輛腳踏車後，我竟走向他們。我不忍心他們這樣子吧，但要幹嘛，在我走過去前，我也不知真的能幹什麼。也覺得賓仔，何不就將拿錢拿下就好了？

「賓仔！」我叫了一聲。並向賓仔走去，差點被另一輛腳踏車卡到上衣，我趕緊跟騎車者表示歉意。對方回頭瞪了我一眼，隨即繼續前行了。停在不遠處的摩托車又空轉地急促加油著，雖然夜市原本就熱鬧吵雜，但從摩托車空轉的聲音，可以聽出車主很不耐煩。

「展仔，請你拿給我哥！」女孩見我走過來，竟叫我名字，而且是家人叫我的「展仔」，而不是賓仔老是叫錯的「宏仔」。女孩硬將那把紙鈔，塞到我的手裡後，隨即跑開，跳上那輛急促催油門的摩托車，車子很快就開走了，只留下一屁股白煙在原地。白煙從原地愈長愈大，依

然可以看見那輛摩托車的身影。

那股白煙逐漸散去，我的訝異卻逐漸攀升。

我愣在那裡，一時之間真不知怎麼辦。我還在想，我怎麼會幹這種事，找自己的麻煩。看著那陣白煙，我彷彿突然醒過來，看著手上的紙鈔。我無奈地欲將那些錢塞給賓仔，但他依然不願意，甚至有生氣表情。我不解，何以不是拿就算了，卻如此生氣呢？我也困惑著，「何以那女孩認識我呢？」但我對她卻一無所知。

「那女孩叫你哥哥，怎沒聽你說過？」我不知如何處理那筆錢，也就直接詢問，也有怪罪賓仔之意吧，「竟然對老朋友隱瞞這些事情。」

「是我妹妹，沒什麼啦！」賓仔顯得有些不耐煩。

「是上次被說成是『落翅仔』，而發生操場打架的那個女的？」

「是啊！」

「嗯！」

「這就是我不想拿她錢的原因。」賓仔好像想說些什麼。

「我聽不懂你的意思。」我說。賓仔不想多說而沈默著。

我們還站在路旁，我突然覺得餓了起來。我就問賓仔：「好餓了，我要去買個紅豆麵包，一起走？」我手上仍握著那把令人不解的錢，隱含了很多很多的故事在這把錢裡。

　　通往夜市的路並不寬，由於靠近國中，加上附近有兩個軍人眷屬與警察人員的新村，就逐漸聚成一條夜市。通常這種叫做什麼新村的，在那個時候，通常是由政府替外省人所建的聚落。新村裡的人通常是有穩定工作的公務人員，而夜市的攤販商人通常是本省人較多。

　　這裡的夜市與其它地方的夜市不同的是，其它夜市常是圍繞著一座廟而形成，這裡則是因有兩個新村的大量人口，而形成了這條沒有廟宇為基礎的夜市。有些賣冬瓜茶、仙草茶、黑輪、烤玉米、香腸、陽春麵、排骨湯、魚丸湯、肉粽等等。這些東西通常是放在腳踏車的後座上，或者以一個小擔子放在地上，由於路較狹小，因此很少有可以坐下來吃東西的地方。也有賣針線與日常用品的攤販，穿插在這些賣吃喝的攤販之間。

　　我偶爾會來買冬瓜茶與紅豆麵包，或者只是來逛逛，因為身上並沒有額外的零用錢。

　　「好吧，你不是有帶便當嗎？」

　　「昨天剩菜不夠帶午餐與晚餐的便當，今天阿母又很早就出門了，沒辦法煮早餐。」腳踏車與摩托車來來回回，讓這個夜市顯得很熱鬧。我想著，如何讓賓仔願拿走這些錢，不然我如果拿回家，被阿母看到，她一定以為我去偷錢了。我不想找自己麻煩。如果解釋是賓仔的錢，搞不好阿母對賓仔會更不好印象，不然怎有這麼多錢？這會讓阿母知道我和賓仔還有來往互動。想到這些，就讓我想儘快將手上這把不是我的錢，趕緊丟給賓仔。

　　那女孩的裝扮的確像個「落翅仔」，通常行為隨便的女孩，或者以女色來賺錢的女孩，會有某些特定裝扮。此刻回想，似乎很難描述具體的形像，並非如目前會露出身體部位，而是穿著較前衛，也會施脂粉，或不必然流行施脂粉，體態上的姿勢較不是立正型，說話時顯得很衝。依目前的標準來看，也許被形容為「很有個性」這個可能正面，也可能負面意涵。或許我可以從資料裡找出以前的照片，藉那來形容，但是我不想這麼做，我只是從相對的特質做這些描述。我覺得那女孩有些像是以女色賺錢的女孩。但是我不敢說這個想法，怕會激怒賓仔。

　　「我記得了，之前村裡兩位學弟在公路局站牌附近，搶走並威脅要撕破那張相片。」我突然想到那相片裡，一位女人、一位小男孩及一位小女孩，難道那是他與他阿母及妹妹的相片？

　　「是啊！那相片是我阿母和妹妹，在家門前照的。」賓仔在我還沒說完時，即承認那張照片內的人。這解決了我以前的困惑，也衍生了新的疑問：「難道後來就沒有其它相片了，不然賓仔何以那麼寶貝那張小時相片呢？」我並未馬上提出這個疑問。他阿爸怎麼沒現身在相片中？雖然我明知在與考試有關的功課之外，我有這些疑惑，通常也不會真的花時間去涉入。這些疑問的確困擾我一小陣子。在那時候，我只有一張約六、七個月大時，坐在臉盆裡，有一隻手被照到扶我坐正的相片，之後，我們家不曾有這種全家合照的相片。

一輛小貨車開進這條很小的道路，司機一直按喇叭要大家讓路，讓行人很不爽，相互以三字經侍候對方。雙方好像也不想擴大事件，對罵聲就愈來愈小，行人罵完後，走到另條路，逛進另一條夜市去了。我們也走進另一條小巷，進了麵包店，還好今天還有我最喜歡吃的紅豆麵包。我的錢只夠買一個，我看看手上那把錢，暗示賓仔是否用這筆錢多買幾個。老板娘大概覺得我們怪怪的，她看了我一眼，沒有說什麼，但她的表情好像什麼都說了。

賓仔不想用那筆錢，我們只好走出來。我撕一半麵包給賓仔，他直接就拿過去了。又一輛冒失的腳踏車騎過，好像在趕路似的，我心想：「很奇怪，今天大家怎麼都這麼趕，好像要去有人等待他們的地方。」我是要回去那個等待我的位置，準備在被我畫成花花綠綠的書裡，打一場未來的戰爭。

「相片中的女孩跟剛那個女孩差好多，她真的很像個落翅仔！」我竟脫口而出。我馬上覺得我不該那麼說，雖然我也想到，阿母要我不要跟賓仔在一起，可能還有其它我不知道的事情，就如我完全不知他有這位妹妹。

「幹，啥咪落翅仔，你高貴是不是？」我看賓仔揮著手說話，好像要把我的話揮走，還有一些麵包在那手上，我緊盯著那個麵包，很擔心那麵包在他揮手時，被他弄掉了。

「失禮啦，失禮啦，我不是那個意思！」我急著辯解。我從不曾覺得自己高貴，雖然我的成績一直不錯，始終被期待是未來可以有成就的人。我也是這麼期待自己，

因此從小學開始就習慣以各色彩筆，將書上重點畫出了不同色彩，雖然買彩色筆花不少零用錢。但我至今仍不曾覺得自己有什麼高貴的地方。

「幹！以後再這麼說，我跟你翻臉！」還好，賓仔手上那小片麵包還在手上。如果那片麵包被他弄丟了，我真想說：「幹！你以為錢好賺啊，竟把麵包丟掉！幹！幹！幹！」。不過，那片麵包一直在他手上，我也就沒說了。我甚至想說：「幹！我要這筆錢再去買麵包。」這把錢讓我有燒起來的感覺，也顯得較缺乏耐心，我什麼也沒有說，只是一直道歉，表示我沒有看低他妹妹。

上次，初見女孩向賓仔問路，那時這個「落翅仔」的想法，確定是有貶抑女孩之意。今天知道她是賓仔的妹妹，讓我對於「落翅仔」的定義與感受，有了很微妙的改變。她竟然知道我的名字，還將一把錢塞放我手中，我需要再回想一下那個時候，事情發生的的確太快了。也許這傳遞著一種信任我之意，但我們不曾見面過，為什麼她竟有這種信任呢？我記起了，她是以左手抓起我的右手，然後將她右手的錢，塞進我的右手掌心，然後她的兩隻手合力將我的右手掌合起來。我被那種皮膚的觸感所震撼了吧，奇怪的是，這讓我變得很不安，一直想罵三字經。

「幹！若這樣，你幹嘛不拿你妹妹的錢，你分明瞧不起她！」也許太多的「幹！」在我心中了，讓我蹦出了這句話。講出口後，卻覺得這是很棒的一句話，我好像變得很有道理。這種有道理讓我變得有些興奮。

「你根本不知道！」賓仔意圖反駁。

「你分明瞧不起你妹妹！」我沒有別的招式了，只得重複這句話。有道理的話似乎很快就失去了戰場。但是當我想起，女孩將錢塞到我手中的「信任感」，讓我莫名地心中「溫暖」了起來。奇怪的是，手中的信任感卻悄然地轉變成心中的溫暖。那種皮膚接觸時是有股特別的感覺，雖然很短暫的時間，我只能命名它是「奇怪的感覺」。至今，我仍覺得這是最好的命名。

「你根本不知道，阿母被她活活氣死的。」賓仔這麼說時，聲音很小，好像只是跟自己說話，不想讓我知道。大馬路正是下班時間，車子來來去去，很吵雜。這句話是我事後才從他微細的聲音記憶裡，拼湊起來的說法。賓仔所傳遞出來的憤怒，雖然很隱微，也讓我多多少少了解，剛剛賓仔在推掉妹妹的錢時，何以充滿了憤怒。

我們正走到學校門前大馬路了，有條河沿著大馬路。我將最後一口麵包放到嘴巴後，就以左手抓起賓仔上衣領口，右手順勢將那筆錢，硬塞到他的衣服裡，我隨即跑掉了。我學了他妹妹將錢塞給我的方式，只是我的方式稍有調整。

我過了大馬路往學校門口走時，回頭見他生氣地從衣服和身體之間，拿出那些紙鈔，然後一張一張丟進河水裡。有位騎腳踏車經過的阿伯，意圖阻擋賓仔這麼做，賓仔奮力抗拒，硬將剩下的紙鈔往河裡丟。有人趕緊拿東西去撈錢。

我站在馬路對面，很沮喪愣在那裡。懊惱自己先前的舉動，自以為聰明的做法，更增加了賓仔的不滿。也許有種東西是超過金錢的，而且根本就不想被金錢給沾上。

賓仔往公路局的站牌方向走過去，也許他要回家了。

我卻開始生氣，好像賓仔將一大籃筐的紅豆麵包，就這樣丟進河水裡了。我手中和心中都感受到某種溫暖，那種被落翅仔觸摸到的奇怪皮膚感覺。

「幹！」紅豆和麵包搭在一起真是絕配，卻被賓仔毀了。走回教室的路上，我無端地開始覺得，「賓仔的妹妹真可憐！」我的腦海浮現著：「怎麼她跟小時候相片裡的她，氣質差那麼多呢？」女孩跑向那輛摩托車時，很快跨坐上後座。摩托車很快就騎走了。

走回教室途中，我突然想著：「她是不是雙手環抱騎士？她以雙手後拉著座椅後的鐵把？」我對這個疑問也深深感到困惑。

傍晚時分。馬路上的摩托車愈來愈多了，他們都要回家了，我要走回教室，繼續在課本和參考書裡，以各式彩筆粉刷我的未來人生。只因為實在太蒼白了，需要以彩筆自行彩繪未來？只可惜這個疑問並非當年出現的想法，雖然我也不確定，也常自問如果當年一直鑽著這個問題，是否是一場災難的開始？

後來，這個疑問不見了，那個困惑隨著摩托車後座紅色車燈，在馬路上逐漸遠去。我像鄉村的臘葉，降落在都市街頭，收起了翅膀，走在回教室的途中，一種陌生感覺

油然而生，突然又覺得餓了起來。讓我對賓仔更生氣。

我哼唱著：「雖然是孤單一個，雖然是孤單一個，我也來到他鄉的這個省都，不過我真勇健的，媽媽請你也保重。」走入教室時，只有我的位置是空的，每位同學都埋首在想像中的未來。

直到此刻，我才忽然想到，那時候，還有另一個疑問：「那男的是誰？」

15.

炎熱的暑假，早上十一點多吧，太陽誇張地在空中巡視人生百態。

我認識賓仔已經一年了，國小四年級剛結束的日子。今天的確有些奇怪，那隻老鷹這麼早就出現在空中盤旋。陽光太強烈刺眼，很不容易看清楚老鷹在空中做什麼？

賓仔和我要走到鳳山城隍廟附近去看馬戲團表演。我和賓仔都不曾真正看過馬戲表演。期末考的最後一天，我和賓仔在放學途中，經過三輪腳踏車載著一個小烤箱，賣烤黑輪的小販時聽到的訊息。賓仔要買兩片烤黑輪，圓型片狀的黑輪烤起來相當好吃。

「我要加上辣椒，宏仔你要加嗎？」賓仔告訴老板，同時詢問我的意見。

「我不用，我沒錢買啊。」我連忙表示，自己一時之間不知賓仔的意思。

「我買一枝送你。」賓仔說著。

「我也加辣椒。」我有些不安,不知賓仔怎麼有錢買。

我很喜歡吃這種烤黑輪,很香令人口水直流。當賓仔說要請我,我也不再客氣。這位賣黑輪的阿伯,我們叫他「黑輪伯仔」。那時候台灣到處都有自己的黑輪伯仔,我們的黑輪伯仔騎著三輪腳踏車,在幾個村子賣黑輪已經好幾年了。

黑輪伯仔常常要大家好好讀書,有時候心情好的時候,還會問買黑輪的學生成績,如果成績是班上前幾名,還會算便宜些。我們無法很確定是第幾名以內可以打折,或什麼時候他會問這問題,反正是隨著他自己的性子做決定。如果你以為可以打折,主動提你在班上的成績名次,黑輪伯仔就好像沒聽見,根本沒回應你的說話。

黑輪伯仔也常會提其它村落的一些事情,如:那個地方、什麼時候,會有布袋戲、歌仔戲的廟會表演。他像個萬事通,每天在幾個村落騎來騎去,也看見與聽見了不少人生百態吧。

那天剛考完期末考,隔天要再回學校打掃,然後就放暑假了。

「你們看過馬戲團表演嗎?」黑輪伯仔問我們。

「沒有。」賓仔回答。

「真好看啊,看一次才五元。」

「怎麼那麼貴,嚇死人。」我回應。

「保證好看！很多人看啊，要很早去現場排隊。」黑輪伯仔說。我心想，難道黑輪伯仔收了馬戲團的宣傳費嗎？不過這種場合也是他們做生意的最好時候，他就不必騎著車子四處跑，只要將三輪車定在某個位置，就會有人聞香而來，我心想「難怪黑輪伯仔說得這麼高興！」。

「在什麼地方？」賓仔問黑輪伯仔。

「明天傍晚，在鳳山城隍廟附近有馬戲團表演。聽說很精彩，一輩子難得才能看見一次。」黑輪伯仔將烤好的兩片以竹枝串著的黑輪，分別給賓仔和我。

賓仔和我邊走邊咬著黑輪，真的好好吃，實在太香了。我每次見黑輪伯仔經過時，總會停下來聞聞，混合著木炭和黑輪的特殊味道，「至今仍是難以忘懷的味道」。只是我常常只能在旁聞著香味，除非我在假日時，先去撿一些廢紙和碎玻璃，賣給收集這些東西的阿伯，我們叫他「古物商」。古物商騎著三輪腳踏車，到處喊著「賣古物」，不是他要賣古物，是要收集廢棄類的東西，他稱了斤兩後，再依不同價碼給我們錢，或者可以直接換算成有紅綠黃等不同色彩的糖丸子。我因為常直接換成糖丸子，也就沒錢買烤黑輪吃了。

「宏仔，我們明天一起去看馬戲，好不好？」賓仔問我。

「我沒有錢。黑輪伯仔說，一人要五塊。」我感到有些可惜，但也無奈。

「沒關係，我們還是去看看。」賓仔似乎胸有成竹很

有把握的樣子。

「我真的沒錢啊，我阿母不可能給我錢，去看這些沒營養的表演啊。」我這麼回答，「阿母一定會說：『連吃飯都沒錢了，怎麼有錢看馬戲表演。』」

「去看看再說了！」賓仔這麼說，但我心中仍充滿疑問。

「好吧，去看看。」我這麼說，但我所指的只是去看看那種熱鬧場合，我知道不可能進去看真正表演。明天要回學校打掃後，才開始放暑假，我就說：「但是早上要回校學校打掃。」

「打掃後，我們再趕去吧。」賓仔回答。我想著，中午前結束打掃，如果再花二個小時走路去鳳山城隍廟，應也可以吧。問題是如果到了那裡，可以做什麼呢？

後來我們就在分岔路口各自回家了。

隔天，我們趕緊打掃好老師要我們做的事，我要打掃兩間男廁所，賓仔被分派打掃學校門口左側那片草地。我和賓仔不到半小時，就做好了，得等老師檢查，以及分發暑假作業簿後，才能離校，不然好想就早點離校了。

「一定要關好門窗！記得返校日！」訓導主任是學校麥克風放送的掌控者　，這天是重要的日子，他當然不會放過麥克風把自己的聲音，不時放進每個人的耳朵，他已經在今天早上說這句話無數次了。返校日是指寒暑假期間，每班依序排定返校的日子，通常是半天，同學們回學校將一些指定區域，再打掃一次。那是很重要的日子，老師會

重複地提醒我們，好像那是災難日，如果沒有提醒，同學都會刻意忘掉。對我們來說那的確是災難日，但是我們很少忘記返校就是了。

「要不要提早走了？」賓仔問我。

「還沒拿到暑假作業簿啊！」賓仔不太在意這點，他太想趕去看馬戲團了。

「好吧，現在只是等大家打掃好，真無聊！」賓仔說。他靠著教室外走廊的柱子，我坐在走廊外的石階上，同學們各自聊天，大家都很興奮，暑假是個令人無窮希望的日子。那時候，我倒是很少想這麼多，常見賓仔的開玩笑之後，總有股很奇怪的悲傷。這是目前的回想，當初應只是一種怪怪的感覺吧，例如，我已知他沒有錢，我也沒有錢，我們去了鳳山又如何看馬戲表演呢？昨天各自回家後，這個疑問一直在我心中，像那隻孤單盤旋空中的臘葉，卻永遠沒有落地。

我談不上是多愁善感的人，只是累積了很多「奇怪」的感覺與疑惑，以前甚至也沒有好好想過，這些疑惑有需要解決？那些疑惑是春夏秋冬，來了又去，去了又來吧。沒有錢看馬戲團表演，是如此明顯且具體的疑惑，讓我有種難以消化的感覺，就算我剛剛花了不少力氣刷著男廁所的便坑時，那個疑惑仍然在我心頭，用死結的方式打在那裡，迎風招展。我用力地刷洗著，那個疑惑卻愈清晰可見。廁所裡阿摩尼亞的氣味，讓我清醒，但清醒並無法解決我的困惑。那時候坐在台階上，我一定是愁容滿面。

「賓仔，我沒有錢呢，我阿母今天只給我們兄姐妹各自留五毛在桌上。你身上有錢嗎？」我還是問了。

「我也沒有錢，到了那裡再看看吧。」賓仔不在乎是否有錢可看表演。

「還混！繼續混吧！反正沒掃完，全班都不能走。」級任老師對著幾位走廊外的同學喊話。對這些有意打混的同學，我也變得有些不耐煩，幹嘛做「害群之馬」。那時候避免做害群之馬是很重要的口號。

太陽已經很大了，意思是說已經天熱起來了。我也不知如何回答賓仔的說法，心想不管那麼多了，去那裡再看看了。雖然我也困惑要看什麼呢？

無聊也有終點吧，打混摸魚的混爽摸爽了，終於做好清潔工作了，老師才吩咐學藝股長，去辦公室領取暑假作業簿。我隨手翻暑假作業內容，有一題目是要我們描繪紅綠燈的外型，強調還要畫出細節，不能只依課本的圖照抄，但村裡根本看不見紅綠燈，「也許在鳳山應可以看到紅綠燈」。我終於替自己和賓仔要去鳳山城隍廟附近，看馬戲表演找到理由了。

記得小學三年級暑假作業，曾有一題題目標明是課外作業，標明一定要寫：「西裝與中山裝的差別？並描繪出它的圖樣。」那時我被這題目嚇壞了，天天吵阿母要帶我去鳳山，村裡沒有西裝店與中山裝的店。後來還是我跟兩位同學，走了二小時的路，到鳳山街上再找了很久，我們一直沒找到中山裝的店。只好放棄了。記得那次是後來返

校後，抄另位同學的作業才交出去，但是那時還是不曾懂過它們的真正差別？如果現在要替當時的氛圍做個簡單回答，答案是：「中山裝是訓導主任那樣偉大的人穿的，西裝是被看輕的生意人穿的。」這是當時印象的迴光反思，只是目前已經更複雜了。

「特別注意門窗關緊！要注意返校日！」訓導主任把握著每個時刻，重複叮嚀，這個世界只有他一人還記得這個天大地大的任務。

那隻老鷹好像一路盯著我們。

賓仔與我在老師宣佈放學後，我們隨即開始從學校走路，往鳳山的方向走。我們決定沿著有公路局班車的公路走，顧慮若從村落間的小路走，我們擔心走錯路錯過了演出時間。

當我們從學校的產業道路走到公路時，聽到遠處有嗩吶聲，有喪家沿著公路要走到出殯的墓地。賓仔隨即慢了下來，很喪氣不自在的樣子。

「賓仔，你身體不舒服嗎？」我問賓仔。

「沒什麼啊，沒關係！」賓仔雖如此回應，但腳步仍緩慢下來，好像要等喪家走更遠些。賓仔原先很興奮要看馬戲團表演的心情，被喪家的嗩吶聲吹散了。

走了一小陣子後，嗩吶聲轉入一條小路後，漸稀薄消失在空氣中。賓仔的心情與表情，才逐漸恢復原來的興奮感。老鷹還盤踞在天空中，我抬頭看了一眼，陽光的亮度馬上讓我又低下頭來。

「我們要走快一點，不然可能會來不及。」賓仔突然催促著我。

我點頭表示好，腳步也加快，雖然我仍在懷疑著：「到鳳山城隍廟後，沒有錢如何進去看表演呢？」我跟在賓仔的後頭，兩人沈默地往鳳山方向走。賓仔又陷於某種沈思，混雜著預期的興奮，只是默默走著，也不太理會我的存在。我甚至覺得陽光與老鷹，在嘲笑我們的趕路。

「就算是我們趕到鳳山城隍廟，馬戲表演是晚上才開始吧？」我突然這麼想著。路上車子引擎聲相當吵雜，我大聲問賓仔：「我們忘了問黑輪伯仔，幾點開始表演？」

「沒關係，我們還是早點到好了！」賓仔回頭對我說。我又想著：「如果是晚上才開始，那結束也很晚了，再走回家已半夜了，阿母與阿爸會很著急，怎麼辦呢？」這個想法讓我開始煩躁起來，因為我並沒有跟阿母說這件事，雖然我知道阿母與阿爸回家時，通常也很晚了。我不想打翻賓仔的期待，只得默默地跟著他的腳步走。

不遠處傳來了，嗩吶與八音的熱鬧曲調，應是有人結婚吧。我走在賓仔的後頭，不知他的反應是什麼。只見他依然維持著趕路的樣子。「有人結婚呢！」我大叫著，因為車子的吵雜聲。賓仔沒有回應。

我的衣服都已溼透了，今天中午怎麼都沒有風。老鷹仍然在我們頭頂上，我們已經走了一段不算短的路。我們趕路，要去看一場毫無把握的馬戲表演。

「若想起故鄉目屎就流落來，免掛意請你放心我的阿

母，雖然是孤單一個，雖然是孤單一個。」賓仔輕聲哼著
這首他常唱的歌曲。

時間是一種很奇怪的東西，大多數時候，除了考試前
準備功課時，我們都覺得時間好多，多得不知如何使用，
常常覺得有些無聊，就只是呆坐讓時間隨著陽光而消失。
今天真的很奇怪的感覺，賓仔的樣子好像趕著赴一場很重
要的盛會，我是陪客，好像有什麼重要的事會發生，我與
賓仔可以同時看到，所以賓仔才找我一起來。

又有另一場婚禮在不遠處，我又聽到嗩吶與八音的歡
樂聲，若在村子裡有人結婚，我一定會好奇跟其他小孩一
起趕去看，大家總是嚷著要看新娘的樣子。賓仔仍然無動
於衷的樣子。我想著：「今天是好日子，我們已經走過兩
場結婚了。」雖然我們今天一出發時，碰到了喪家要出
殯，但是這仍可能是好日子。我心中一直祈禱，我們可以
有好運氣，可以看到馬戲團的表演。

「好看的馬戲團來了！好看的馬戲團來了！轟動萬教
的馬戲團，錯過這個機會，你會後悔一世人！」一輛電動
三輪車，從對面的車道騎過，兩位宣傳者臉上都有小丑的
誇張裝扮，一位騎著車，另一位則坐在後頭的平台上，手
拿著麥克風，大聲地嘶吼著。「今天晚上六點，六點，在
鳳山城隍廟前，請大家光臨指教！轟動萬教的馬戲團，失
去今天的機會，絕對遺憾一世人！」

賓仔停下來，看著宣傳車從馬路對面經過，他回頭對
我說：「黑輪伯仔說得沒有錯。」他總算稍露笑臉，並表

示「應該離這裡不遠了！」。我的心卻更沈重了，愈來愈覺得晚上才開始表演，回家後，一定被阿母罰跪在神明桌前，向祖先陪不是。我見賓仔的興致這麼高，我不好意思提出我的擔心。

已經走入鳳山市區了，路旁的店舖愈來愈多了。我們也漸聽到馬戲團表演的麥克風宣傳聲了，賓仔沿著宣傳聲來的方向走著，我仍緊跟在他後頭。一路上，賓仔幾乎沒有說什麼話，除了偶爾聽他哼唱著「媽媽，請你也保重」這首歌。我真的很困惑，好像他來這裡不是只看馬戲表演，而是來做另一件很嚴肅的事情。我很少看賓仔如此嚴肅，除了他在提及那隻有翅膀的白馬時，但提到那隻白馬時，也總有幾分興奮。

他今天只是趕路。這麼長的路程，我竟然一路上只被自己的困惑與擔心淹沒了。我看賓仔一路大都低著頭走路，不知沈思什麼，或者只是為了趕路？

我們村人口中的鳳山「市仔」，我們是很少來的，雖然以前曾與同村朋友，走來了幾次，大都是白天。以前會來鳳山，通常也沒特別目的，只是朋友們有人發起這個想法，大家呼應，然後就一夥人慢慢走來這裡。

今天要來看馬戲表演，但我明知買不起票。

廣播聲愈來愈近了。我們看見黑輪伯仔已經來了，有幾個人圍著他的三輪車，等待他烤著黑輪。賓仔與我也走近，因為好餓了，賓仔說：「我要兩片，分開放。」黑輪伯仔向我們打招呼說：「這麼早就來了啊。」賓仔與我都

只是笑笑著回應。等待烤好黑輪前，賓仔一直四處張望，好像在找人，只要見有馬戲團服裝的人，他就盯著對方看，好像要找出什麼似的。

黑輪伯仔拿烤好的黑輪給我與賓仔時，也說：「賣票在旁邊的亭子。」我們拿著烤黑輪，走到接近馬戲團的帳篷入口處。賓仔應沒有錢買票，我心想：「難道賓仔要借機偷偷進去嗎？」我是膽怯的。只要有工作人員經過，賓仔就盯著對方看，尤其是男性的工作人員。我很快就吃完那片烤黑輪，吃了卻更餓的感覺。

偶爾如果有較年長男性工作人員經過，賓仔就會向前問對方是否認識某個人，由於他說得很小聲，我雖然極力想聽出他口中的名字，他刻意不讓我知道那名字。我只好放棄偷聽，乾脆坐在離帳篷入口有些距離的草地上。天色漸暗了。我忽然想到：「那隻老鷹仍在盯著我們？」，忘了抬頭看天空，此刻，已看不到那隻老鷹了。

看馬戲表演的觀眾漸漸增多了。黑輪伯仔的烤黑輪常常擠滿了人，用蓄電池充電在一盞小燈泡，已經亮了起來，他今天一定賺了不少錢。可以從黑輪伯仔的笑臉看得出來。

賓仔的臉色，隨著天色漸漸暗下來，逐漸沈下來的表情，有些焦急但又喪氣的樣子，「反正就是一副要哭出來的樣子就是了」。我才想到，原來賓仔是要來馬戲團裡找人，不是要來觀賞馬戲表演，我完全會錯意了。我只是很餓，倒也不全然很生氣，他邀我一起來卻不是要看馬戲，

因為我早知道，我沒錢，他也沒錢。

除了原先以錄音透過麥克風廣播的宣傳說明，後來開始有主持人現場的說話，激勵某種興奮的氣氛，好像買票看馬戲是件人生大事。我可以從帳篷入口，遠遠看見主持人在另一端的舞台，講著一些笑話。學校訓導主任如果拿著麥克風，在司令台上說這些笑話，讓大家開心，訓導主任一定是全校最受歡迎的風雲人物。

天已暗了。周遭的電燈已將四周照得通明。我看賓仔開始查看帳篷，我跟著他走，他沒說話，好像在尋找是否有什麼地方釘得較鬆，可以趁機由帳篷縫爬進去。大多數人已進場了，黑輪伯仔見我們沒進去，就問我們：「為什麼來了，卻不進去看？」賓仔與我仍只是笑著回應，實在不知道如何回答。

後來，帳篷外頭的燈光已漸熄掉，只剩下微弱的光線。賓仔示意我，一起往入口左側較沒人出入的地方走去。賓仔說：「我們鑽進去，進去後，你不要亂跑，我會再來找你。」雖然我知道今天回去非得讓阿母罰跪在神明桌前了，我還是點點頭，想看看馬戲究竟是什麼樣子？

賓仔與我趴在地下，由於帳篷仍釘得有些緊，我們頭部好不容易伸進帳篷，還來不及仰頭看裡面，我的背部突然疼痛起來，相當痛的感覺，應是棍子打在我的肩膀上吧。我忍著痛，將頭再縮出來，痛得難以睜開眼睛。後來見賓仔也是躺在地上，一副很痛苦的表情。

「幹！死囝仔，看戲不買票，要偷鑽進去，幹！」

　　兩位壯漢各自站在我與賓仔旁邊，手上各持著一根很粗的木棍。我嚇得不知該怎麼辦，只能緊皺臉上表情，強忍著肩膀的疼痛。那兩位壯漢仍是口中幹個不停，我緊閉眼睛，不想看見他們用那麼粗的木棍再打下來。

　　後來幾個人圍過來，黑輪伯仔也過來，看見我們就替我們向對方求情，也有兩位男人說：「讓他們走了吧！」那兩位壯漢一時之間不想這麼做，後來，就痛罵我們一番後，要讓我與賓仔走了。

　　我與賓仔很吃力地要站起來，肩膀實在太痛了，無法出力讓自己站起來。還好黑輪伯仔與另位旁觀的男子，分別將我與賓仔扶起來。黑輪伯仔說：「趕緊回去，天這麼暗了。」也許黑輪伯仔覺得對不起我們，告訴我們這個馬戲表演的訊息，竟說：「等一下，我去拿兩串烤黑輪給你們。」

　　賓仔與我一直低著頭站在原地，不敢看那兩位壯漢和其他圍觀者。黑輪伯仔拿來兩串烤黑輪，每串各有兩片插在竹籤上，「趕緊回去了，不然你家大人也煩惱。」

　　我與賓仔低頭說了謝謝，拿著烤黑輪正要走，兩位壯漢之一說：「沒說什麼就要走了喔？」帶威脅的語氣，讓我與賓仔又愣在那裡不敢動。

　　黑輪伯仔教我們說：「你們快跟這兩位『大嘿』說謝謝！」我們依黑輪伯仔的說法做，但我的頭一直低著。

　　「走吧！走吧！」另一位則說：「下次再這樣，就沒有那麼好吃睡了！知道嗎？」我點頭。

　　晚上的公路，有些地方很暗黑，路燈與路燈之間距離很遠。賓仔與我並排走著，我們都沒有說話，車燈在公路上交織著，亮了一陣子又暗了下來。我心中仍一直想著，「慘了，一定會被阿母罰跪」。

　　「賓仔，你是在找誰？」我好像想知道，不然我如果被阿母罰跪，那就不明不白了。

　　賓仔並沒有馬上說話，我們在暗夜的公路行走。天氣不錯，天空中有不少星星。月亮則是掛在遙遠的天邊，不要理會我們了。

　　「記得很久很久以前，我曾兩次，問我阿母：『阿爸在那裡？』我已經忘了為什麼要問這個問題，已經放在心中很久了吧。有一次，她說：『你阿爸已經死了！』。我不相信就是了。後來，有一次，我一直逼阿母，她順口說：『你阿爸在你很小的時候，半夜被幾位馬戲團的人抓走了！』。我清楚記得阿母說這話時的不滿，阿母很快恢復以前的樣子，叫我：『囝仔人，出去不要隨便說！』」

　　賓仔說得很低沈，眼睛一直盯著公路旁分界的白線。賓仔一直走在很靠近白線的地方，幾次我叫他靠外頭些，離那分界白線遠些，才不會不小心被車撞到，但賓仔根本不理會我。

　　我終於知道，他為什麼要去馬戲團，以及他為什麼一直問馬戲團的工作人員某個姓名。但我是很久很久後，才想到賓仔阿母口中的「馬戲團」，可能不是這種真正的馬戲團，是另有別的意思。這只是我自己憑空猜測的。

「我很清楚記得這兩句話，後來，不曾再問過阿母這件事。阿母對於『阿爸在那裡？』，看來很痛苦。」賓仔繼續說著。我當時不是很了解，賓仔口中他阿母很痛苦是指什麼？我卻清楚記得，肩膀挨了那一棍的疼痛，這痛一輩子也難忘。

賓仔又沈默了。天空的星星愈來愈亮了，有時沒有車子經過，路燈也在遙遠的前方，但我並不覺得天很暗。

「前幾天，又遇見那隻有翅膀的白馬。」賓仔蹦出這句話，並認真地看了我一眼，這是今天他最認真看我的一眼。

我們已經接近我住的村落了，我的心情也真正地擔心起來。我先走入回家的小路，賓仔仍得走一陣子，才能回到他住的仁美村。

回到家，原本要偷偷上床，但是阿母坐在客廳，問我去了那裡？

16.

我真的好餓又好累了。

客廳的神明桌上兩盞小燭火已經熄了。我以為阿母已經睡了。當我走入客廳時，阿母坐在藤椅上。我嚇了一跳。

「你跑去那裡？這麼晚了。跪到公媽牌前。」阿母很生氣。

我只好走到神明桌的公媽神主牌前，跪了下來。

「你跑去那裡？」

「我跟同學去鳳山走走啦。」

「你跟誰去？」

「我跟通仔與和明仔一起去。」我不敢說出與賓仔一起去的事，因為那會讓阿母更生氣。

「你還騙我，我去過通仔和明仔家裡，他們都在家裡。」

沒想到一下子就被揭穿了，我只好低頭不語。

「你講，你到底去那裡？」

「我走去鳳山，聽說有馬戲團表演。」

「你怎麼有錢，看馬戲表演？」

「我沒有錢啦，我只是去看看啦，沒有辦法進去看。」

「你不要騙我，你怎麼有錢？跟誰拿的？」

「我真的沒錢啦。我沒有進去看啦，在外頭看看而已。」

「你不好好讀書，跑那麼遠去看馬戲團。」

「今天開始放暑假才去的，也不知道會那麼遠？」

「你是不是跟賓仔那個囝仔去？」

「沒有啦，我是自己去的啦。」

「在神明面前，你要說老實話。」

我低頭跪著，不知如何再回答。我真的好餓又好累了。

我要自己絕對不能提到賓仔，只好選擇不再說話。阿母仍要我說跟誰去，錢從那裡來？我知道我是不能再多說什麼了。

小溪裡的水流聲，充當沈默時的背景，那天的白雲也變得慵懶，或者膽怯，一直停留在那裡。我可以感覺到自己的額頭，汗水從額頭被擠出來的樣子，賓仔順手以右手肘擦拭額頭的汗水。

「我明天就要去枋寮了。」賓仔對我說。高中聯考的成績還未公佈，賓仔已經不等了，他知道根本考不上公立高中，如果上了私立高中也讀不起。

我不知能說什麼？賓仔已經決定了，我覺得這一別，雖然在這小島上，但兩人的未來截然不同了。我一直努力要離開家鄉，往村人認為可以衣錦還鄉的北上之路，村人認定的成功之路。談不上這是什麼選擇，只是村人想像中的路徑。

「我不知能在那裡當學徒多久，做車床的工廠。」賓仔所說的車床工作，就是村人所說的「做黑手」，整天都是油污滿手的工作。

遠邊的田裡，幾隻白鷺鷥受了驚嚇，群飛起來，顯得張皇的樣子，不像平時覓食時的優閒姿態。

這是我在書寫賓仔的故事期間所思考的命題，雖然有些不搭調，但我覺得很有意義，因此我堅持將這些書寫也

放入這裡。我甚至覺得,如果沒有放入這些中途的產物,
這篇故事會很匱乏:

「時間真是很奇怪的角色,如果你想排擠它,它就從你
家的後門闖入,在房間裡的每個地方,都留下它的印記。
時間的最大印記就是,當你看見時間的傷痕時,它會張開
更大的嘴巴,一定要將你吞噬,關於這點,時間一點也不
會猶豫。

人是很奇怪的東西,如果你想做不一樣的事情,就會有
人提醒你,要你走康莊大道。人生小路只是一些任意的時間
堆積,就算你努力摸索自己的方向,你還是會失敗的,因為
成功也是很奇怪的東西。

我真的相信,成功是很奇怪的東西,你永遠不知道你
是否成功了?如果你確定你成功了,那是時間這個奇怪的
東西在作怪,讓你覺得隨著時間的累積,你的成功已經證
明了當年你對自己的誓言。

只要你覺得成功了,你就開始失落,好像成功只是為
了讓自己失落。雖然人生的失敗者,也會有它的失落。我
知道這些都是時間的陰謀,時間才是主謀者,它一直以無
情者的表情,裝飾著你我的臉頰。」

我必須承認,書寫這個故事期間,我有幾度寫著竟流
下淚來。我甚至不知道那是為賓仔流淚,或者是為我自己
流淚。

「你眞的不說實話嗎？」阿母站在昏暗的神明桌與我之間。

如果要我說實話，我最想說的是：「我好餓又好累了。」但我從頭至尾都沒說出這句話。

「你錢從那裡來的？」

「我沒有看馬戲表演，眞的啊！」

「你沒事去那麼遠做什麼？」

我稍抬頭，因爲雙腿快麻掉了，好酸痛了。加上還要忍著肩膀的疼痛。我一定要忍住，不然阿母如果知道，我竟要偷偷鑽進帳篷，那就更慘了。我看著神明觀世音菩薩，黑暗裡仍然維持著平時的神情。我挪動一下雙腿，那種麻木感，以及血液突然衝往腳底的感覺，讓我差點掉下來。

我心想，阿母明天一定早出門去工作，竟爲了等我回來，還得要替祖先教訓我，讓我更不忍心說出心中的眞正想法。

阿母開始沈默了起來，還好她今天沒有拿竹子打我，不然肩膀一定無法承受再被打。

「你知道，你阿爸跟我做牛做馬，爲了你兄妹，你竟然趴趴走，不好好讀書。」

「今天是放暑假了，早上我也有去學校掃地，放學後，我才走去鳳山。」

「誰告訴你鳳山有馬戲團表演？」

「是聽到他們的宣傳車放送消息,我才知道。」阿母還不相信我所說的,我不能提到黑輪伯仔,不然那天她問了黑輪伯仔,我又要再被罰跪一次。

一群麻雀突然咭噪地從另一棵龍眼樹,飛到我們頭頂的這棵芒果樹。等他們都飛到後,突然靜寂了下來。

「賓仔,你妹妹呢?」我問賓仔一個很開放的大問題,我已記不起來何以要問他妹妹的事。

「我不知道!」

「她還好吧!」我不願一下子就放棄知道他妹妹的事。

「幹嘛談她!」賓仔篤定要讓我碰釘子。

那群麻雀又成群地飛起。麻雀飛起時,總是混雜著吱吱鳴叫的吵雜。我記得當年的疑惑:「那男的是誰?」,始終夾雜在,麻雀的振翅與吱吱吵雜聲裡,就像當年那輛摩托車啓動後,留下的那股白煙,夾雜著震耳的引擎聲。

也許是孤獨吧,讓時間有機會成為傷人的利器。我很難再多說什麼了,面對孤獨,低下頭等待當年的某些景象油然而生,卻已不再是當年的微風了。

也許是時間吧,讓孤獨有機會成為傷人的利器。我還有很多想說的話,面對時間,抬頭仰望那隻彷彿孤單的老鷹,還在等待著上揚的風向。

　　我記得那種微風接觸皮膚的感覺，那是與太陽的對話，毛細孔張開，讓微風訴說當年的孤獨。最後只能默默地說再見，只要回頭想一想，很清楚的，再見從來不曾成功過。這讓時間之傷變得更像那股白煙，在空氣中膨脹起來，最後卻被稀釋在空氣中。

　　我知道，終於知道了，就算我在這些書寫裡，意圖只是捕捉某種氛圍，對於故事，我還有更多的說明方式，但如何捕捉隨著時間之傷而飄渺的孤獨？如果能夠流成一條長河，那麼孤獨又是什麼呢？

　　後來，我才逐漸知道，原來賓仔與我都是多麼恐懼，那個叫做未來的時間。好像只能用最孤獨方式，來處理那種恐懼。在這個所有村人都叫小孩要離開，到遠方尋找有前途的地方，好像「家」變成了準備離開的地方，不是要再回來的地方。

　　這是我試著使用語言與說話，接近某種感覺，當我離開它們愈遠時，它們卻愈想找到故事，讓孤獨裡猶存有高低起伏的人世情。很確定的是，當我說了這些故事，我依然覺得它們很遙遠。我知道，我還要繼續說，讓孤獨與恐懼在字裡行間繼續徘徊。

　　隔天，我是從自己的床上爬起來的。

　　這點應沒記錯，我的確是躺在自己的床上，我不知道是我自己偷偷回房睡，還是阿母抱我回床。或者是，一直在旁卻沒有插嘴說話的阿公，在半夜將我抱回床上睡。

　我記得，曾有一度，我在神明桌前，以跪下的方式睡著了。之後，我就不記得了。我也不曾問過阿母這件事。

　後來，阿母沒再問我關於馬戲表演的事了。直到最近，年老的阿母有一天從南部來電話，詢問是否要看太陽劇團的馬戲表演，我才在驚訝裡，找到了一些些微風般往事。

　我不曾與賓仔合唱過。如果果眞因爲這篇故事的傳播，讓我們有機會再碰面，我想著，如果再碰面，我們將要做什麼呢？也許在開口說話前，我們先唱首歌。我決定將這故事的最後一段，變成歌唱，讓我與他先合唱，重複地唱著：「寒冷的多天夏天的三更暝／請保重不可傷風我的阿母期待著早日相會／期待著早日相會我也來到他鄉的這個省都／不過我是會返去的／媽媽請你也保重。」

（初稿完成2010.12.07）（定稿2016.06.27）

隨　筆

夢幻倫敦

暴風雨在內心裡發生了

仍無法說出這個島嶼的完整故事。

我決定以莎士比亞的暴風雨，上演另一個島嶼的戲碼。這場沒有風，也沒有雨的暴風雨。想必是人內心裡的事吧，優美的詠嘆調，也無法企及的枯山水。這群人已經相爭太久了，四百年了吧，汗水已流乾了，只有淚水還在暗夜裡，一滴滴地慢慢滲透到汗腺裡。無論如何，淚水已經難以說服自己了，汗水才是劇本裡，可以看得見的張力的綿密延伸。

最後，有人和天上的神明，在自己的土地上，安逸地下著一盤棋。那是人在苦難後，再度回到人世間的最後一個棋子。是否需要一棵老樹，以茂盛的綠葉做為主題，好讓人和神的對奕，不再只是輸贏和是非自有公論的調調。就只是下著棋，可能是第一盤，也可能是最後一盤，探索人體和地理相互定義的未來。

走出倫敦橋地鐵站後，我沿著泰晤士河南岸，走向河畔的莎士比亞環形劇場。已經不是最原始的木頭搭起的劇場，卻依然穿針引線，引領我走入建築空間的激情。流水可以代表時間，徒然造成重覆的傷感，我卻無意如此，想

要尋找水與舞姿新風格。走到劇場時,已經擠滿了人潮,人如水,原來,人就是時間的代表,而且是永遠的過去進行式,偽裝成未來的完成式。

波羅斯倍羅落難後的曲曲折折,就在一個小小的島嶼展開了,人情與世故不再只是故事,而是人、神與精靈的苦心糾纏。我們的島,聰明的人不再相信精靈,暗暗地,下著棋子,玩起圈地這種吞噬土地的野蠻遊戲。我們依然好客,卻漸漸不再相信神明。

一場暴風雨,從劇場的左下角上場,然後,它突然消聲匿跡。需要我們投入奇幻的脆弱,等待風雨從劇場裡走出來,走到平淡無情的人生,讓醜陋與美麗相互翻轉,怪物卡力班幻化成大提琴的低吟,在人生與精靈交響樂團,低調地編織著自己的幻夢。人只是佈景裡,勉強想要閃閃發亮的反光,卻一直想要霸佔劇場的前景。

我站在環形劇場中間站票的位置,午後白天的陽光灑在肩膀上,讓我在劇情與現實裡徘徊。這是無人島,有的只是一個怪物,與熱情的岩石。還有鬼火在黑暗中帶路,在第二幕第二景裡,一步一步地展現島嶼的風情與迷惑。

還有精靈在莎士比亞的戲裡,上天下地,我卻被肩上的陽光,熱得想起了自己的島嶼,亞熱帶的高山與平地。精靈只在高山森林裡,繼續遊蕩,尋找向世人警示的符咒。國王在窮途末路時,無意讓受罪的蛆蠅弄髒他的嘴,也不想忍受肩扛巨木的奴僕工作,劇情一定得如此,不然,這戲怎麼演得下去呢?

　　一場未知的人生大戲，他意圖說服對方，承受的折磨，都是愛的試探。也是我們的島嶼隨時上演的折磨，當它以愛的方程式呈現，變成僵化卻有吸引力的效應。就算呼風喚雨的魔法師，依然需要安靜下來，想想發生了什麼事。畢竟，深綠的海與蔚藍的天，一場咆哮的戰鬥。雷鳴劈開強硬的橡木，震撼了根基深厚的巖石。

　　國王心如刀割，他的兒子在海難後，一直沒有音訊。那場暴風雨也有人失去了女兒。這是難以承受的命運，如果可以修改命運的定義，它需要敢做敢當的風格編舞家，在它的框框裡，拼著最後一口氣，將老巷的苔蘚植物，變成聚精會神的舞者。把有限的空間，跳動成島嶼的高低起伏，我們仍在等待，沒有風，沒有雨的暴風雨路過後，可以在台詞裡增加這個島嶼的話語權。

　　他們細數因果前後，在平靜的海水上，吹著舒適的風，讓自己自由，並進入了空氣。後來，從輕發落了叛徒，打開了枷鎖，期待可以解脫。掌聲的善意貫注了溫柔的好風，在絕望與淒涼裡，以慈悲心憐憫，將一切得失化解無形。

　　怪物卡力班再度成為孤獨的心聲，這是期待，它是自由的母親，站在劇場的前頭，不再嘮叨，只是默默地拼貼斷簡殘篇。它的知名度讓它在危險邊緣，徘徊，而且猶豫不安，尋找下一場戲碼的想像與激情。

　　如何在這片土地上，追尋有創意的和解呢？

辭彙

午後，順路隨意走進國王威廉四世酒吧。

我點了一品脫的愛爾(Ale)啤酒，選了靠窗的小圓桌坐下。一盆不知名的小黃花，擺置在右手邊的窗櫺上。坐定後，趕緊嘗試今天所選的愛爾，那是首次品嚐的口味。我知道，愈來愈迫切感到，自己失去語言了。找不到語言，來描繪第一口這種愛爾的感覺。我的話可以讓我過日常的生活，可以吃到東西，可以嘗試欣賞劇場的表演，卻愈覺得有個莫名的地方，已經失去辭彙。

隔桌也靠窗的小圓桌，剛坐下的老者，戴著日本高校生模樣的帽子，鮮黃襯衫和淺綠領帶，所搭建的雀躍身軀，被深藍獵裝的鷹架鎮住了。鮮艷顏色很快就被酒吧的深褐色吸納入口，坐下來後老者反而更像是隱者，倫敦漢普斯德區的文化人。這絕對是我的想像，我卻一點也不後悔，這些想像幫我度過了初春午後。他看著英文衛報。女侍者拿來了一瓶白酒與高腳酒杯，我看見桌上一張卡片，寫著：下午三點，預約。我好奇，怎麼，英式酒吧也有預約喝酒的位置呢？想必是酒吧的熟識者吧，預約最大窗戶旁，是這間酒吧最佳的位置。

以中文記錄那個找不到語言的地方，依然是個空洞，這是我的徬徨。我想著，今年初春，難得的陽光從他的背部方向，照到我這桌面。這道午後陽光很明晰，凝固了我的歷史包袱空間。老者低頭看報，神情嚴肅，幾近於遙遠

拒人千里之外。他偶爾拿起酒杯，喝口白酒，隨即低頭看報。

　　另一桌在酒吧中間，七位中年男子，都是古銅色花卉雕飾的掛鉤，深藍西裝，白襯衫，與白頭髮。紅色系列的領帶，冬眠初醒的蛇，收斂卻也充滿好奇心。他們像是公司的中高層主管，這是午後應酬或者開會。不時，從我側面傳來爽朗的笑聲，每個人都是這麼笑著。他們在說話裡，交換著權力與經驗，在某個話題結束前，總可聽到某人做了小小的結論。

　　他們佔據了大桌面，也說了很多工作的事，加上笑聲，但就是趕不走午後酒吧的寧靜感。只因那老者安靜地看著報紙和偶爾喝口白酒。

　　想起知名作家的說辭，不是在寫作，就是在往酒吧途中。午後陽光愈來愈傾斜，漸漸射在我的筆記本左上角，好像是老者好奇我的書寫，藉著上天陽光的階梯，偷窺我的文字。我再加點了一品脫不同品牌口味的愛爾。除了隨手筆記，把陽光酵母放進文字麵團裡，即無所事事，讓空檔成為預謀令人享受的時光。

　　享受只是二個字，需要堅強的心能夠承受孤寂。

　　高校帽的老者，後來，常常看著窗外。不知他在看什麼，我往他的視線方向看去，想要看見什麼。路上來往車子，漸有下課的小學童，穿著貴族般海軍藍制服，與保姆一起走回家。老者把原本在窗台中間的聖誕紅，移至最靠角落的地方。那棵聖誕紅的綠葉有些暗淡了，頂上只剩下

三片帶著暗褐點的紅葉，好像還在初春的寒冷裡，掙扎著是否說出再見，那是矛盾的心情，等待真正春天的來臨。那是寓言，藝術展覽場裡，陳年往事的拼貼，紅與綠的對照，讓酒客知道季節風。

我偷偷地，照了一張老者的相片。動作過快，相片太模糊了，看不清楚他臉部紋路裡的風霜。他真的很老了，我一直覺得，他應是歷經滄桑的作家，在午後的酒吧享受人生。我想像，他是每天午後三點坐在同一張椅子。或者，是不是如此，也不是那麼重要。相片雖然模糊，在我心中，這個午後卻異常清晰。

陽光還在散步，屋內的吵雜說話聲，依然讓酒吧顯得更安靜。

陽光已經醉意傾斜了，無力爬牆越過窗檻，連再見都忘記說，就不見了。老者要離開時，白酒酒瓶已見底，他將酒瓶與酒杯拿到櫃檯，並與男侍者幾句交談，然後從坐位後方的小門，走向後門。我側頭望窗外，卻已不見了他的蹤影。我再三側頭，已經不是為了看見什麼。但我覺得他以國王的姿態離開，這座古老的城堡，明天相同時間，會再來重新過著今天的午後。

我喝了兩品脫的啤酒，趕走了時間，用文字趕走了幾頁筆記空白紙。我的徬徨沒有減少，卻莫名增加了幾分踏實。我闔起了筆記本，以詩人的心情，相信自己的勇氣。雖然，我不覺得已經找到了話語，來通融自己的陰翳，與無語問蒼天。

卓別林和邱吉爾在風中

需要從以前開始吧。

時間是柔軟的肌肉與皮膚，經歷太陽與月亮交替統治，未來的路卻愈走愈窄，動脈愈走愈僵硬，靜脈跟著流露出無奈的表情。後來，一切都失控了。你不能決定自己死後的樣子，政治家與人民決定要複製你，藝術家的巧奪天工，決定了你永遠的樣貌，不論你是否喜歡自己是那種模樣，路過的觀眾最後開始爭論，是否那是他們心目中的模樣。

今天，我卻無法再看到卓別林的小雕像。

每次來倫敦總會經過的小公園。是順路經過，或者刻意去憑弔，好像已不再是那麼清晰了，但一定會去那裡就是了。卓別林是一公尺左右的全身銅製身體，染色體與基因不再有權力說任何話，手上的枴杖仍堅持著姿勢，臉部表情也是熟悉的樣子。你就站在倫敦劇場聞名的西區，小公園萊斯西斯特公園裡的步道旁。你好，辛苦了，這是後世的藝術家，幫你決定的氛圍，你無法舉手發表意見幽默自己的大鞋子，也不能決定你自己要站在何處，也無法與觀眾打招呼。以前，你默不作聲，動作卻說了很多話，現在，是休息的時候了，已經不再需要說話，就反過來吧，豁然開朗讓路過者發揮各自的想像力吧。

你現在被包圍在黑色的圍牆裡了。

整個小公園都被圍籬包住了，我踮起腳尖，沒法窺視圍牆裡，到底怎麼了？也許你想逃出來，或者早被收藏在

倉庫裡，暫時擺著，或者永遠得待在倉庫裡。圍籬上寫的：「2012聚焦萊斯西斯特廣場」。為了2012倫敦奧運而重新整修的小公園。

夏日倫敦，男男女女在太陽底下，坐在雕像旁的長椅，吃著午餐的三明治，或者青蘋果。

為什麼身體在地面愈走愈硬，名字卻在空中愈傳愈遠。有人會訝異看見卓別林，然後趕緊拿出相機，留步與你合照，但是你卻矮人一截，大多數人都是半蹲下來，才會跟你比較接近些。當然啊，不少人就直接走過，可能以前已經照過相，或者因為被別人擋著，沒有看到你的存在。當然也有人，根本不在意你。

邱吉爾站在西敏寺前廣場旁，黑色皮膚，比常人還要巨大的雕像，熊據在十字路口，午後傾斜的陰影，足以覆蓋等待綠燈通行的車。

三百六十九年前，那是清教徒克倫威爾發動革命的地方。多年來，你面向國會大廈，姿態是動作中，往前走的角度。槍林彈雨已經不再是有特色的比喻了，你的血肉軀體，曾經承擔豐功偉業，戰爭後，最後的黯然失色，都累堆成可以製造子彈外殼的黃銅，不怕風雨淋濕了。只是你再也回不去，國會大廈的大門了。大廈旁的泰晤士河早就替你決定，需要換人上場表演了。

你曾經贏過，最後仍得認輸。

你是出賣台灣的人，或是以小喇叭拉拔前奏曲，把台灣推向走自己路的人？已經不再需要巡視壕溝了，也就不

需要心臟，不需要血管了，也不再需要抽雪茄了，只剩下硬梆梆的大衣線條，搭配臉部堅毅稜角並略帶憂愁，好像那是記憶著苦日子的創傷。你的樣子依然難以忽視，只是周遭不是休閒安逸，是忙碌腳步的世界。畢竟，站在你旁邊的人，顯得很渺小，爲了能將你全身納入鏡頭，照相者需要一再地後退。

離倫敦被轟炸的日子已遠了。

當年，被硬逼著與雙胞胎姐姐突然分開，寄住郊區不同陌生人家庭的妹妹，已經很老了，在電視記錄片裡以克制的眼淚，陳述她當年戰爭期間的無辜。戰爭已經過去了，畏懼與無奈還在當年的眼眶裡上下打轉。我以歷史似曾相識的模糊感，替你在數位相機裡，留下不變的身影。至今，仍遺憾鏡頭裡，缺少了你穿著大衣的背部。照相者更著重，與你合照者的全身影像。

時間是無情者的化身，不只在分針與時針的轉動，是重複回到原點。這是一種詐術，時間一直輪轉，總會回到午後的三點鐘。

血肉身軀走向雕像的途徑，是否人轉化成神的路途，還難以簡單結論。只是爲什麼女人的身體，少凝固成街頭的銅像？藝術家不忍將女人柔軟的肌膚，捏造成僵硬的皮影戲？到底是誰在演戲呢？我或者你？或者路過的陌生人？

李爾王是悲劇的等待者嗎

後來，我們也學會了。

先買些食物與紅酒，也帶了碗盤杯子與筷子。而且，提早到場，進入後，即在草皮地找一個野餐方桌，然後攤開晚餐的架勢。今天，我們是趕著來看莎士比亞的悲劇。綠草皮上逐漸滿滿的人，晚來的，就席地而坐，有些人排隊買劇場販賣的烤肉漢堡與沙拉。

服務人員催促觀眾進場了，那是柯蒂莉亞的呼喚。

做為終身的反對派，柯蒂莉亞已經不再替自己哀傷，也已經來不及後悔了。她如何處理自己的恐懼呢？她從失去裡，獲得了什麼呢？觀眾的哀傷遠比她的勇氣，還要綿延而且細長。不需要望遠鏡，我們就可以看透當年的遺憾，預測那一幕那一景即將發生，我們是個忠誠派的自己。卻難以看清楚這些遺憾，仍隨時在周遭上演與落幕。

也許，生活太真實了，需要在別人的故事裡，暗中流著自己的淚水，灌溉哀傷的樹與雲彩。

這是倫敦露天劇場的一個角落，旁邊是籬笆與百年大樹，是攝政公園的世外桃源或福爾摩沙。通常，只有初春至夏天期間，開放上演戲碼。喝著紅酒，摻雜著悲劇的等待，我們是活著的李爾王，預言死亡在情節裡推演。是死亡的李爾王，我們鼓掌謝幕後，他再度活了過來。

難以言喻的生生死死，無傷於我們再三地帶著野餐，提早入園，尋找看戲前最佳的晚餐位置，看見觀眾們在草

地上的聊天與歡笑。

我一直想著，她的硬頸精神，一路挺進，早已埋伏了殺機在口袋裡。那是一顆會生長出恩怨情仇的豌豆，只要落地，即可長出人生的喜劇或悲劇。只要隨意伸手取出，即可讓夏季的風，轉向，卻怎麼也轉不出迷宮。如果註定是自己招來死亡，活著才是羞辱自己的最佳的花朵，夏季過後，即自己讓自己凋零。

四百年來，柯蒂莉亞在等待什麼呢？每次死去，又再度醒來，準備，再一次的死亡。她如何善待恐懼呢？

一隻鴿子，突然飛過舞台側邊的大樹。另一隻鴿子，早就停在樹梢看著觀眾們。飛去的鴿子，鼓起前胸，在樹枝上發出求偶的咕嚕咕嚕，觀眾仍緊盯著舞台上熟悉的劇情。當柯蒂莉亞義正辭嚴，宣稱時間之神將會揭幕，開啟姐妹的陰謀勾當，我一直以眼角餘光，看著鴿子在夏日午後愉悅地，向異性展示自己的魅惑。

她說，最後，恥辱一定會奉上眼前。

在旗鼓陣裡，柯蒂莉亞與近侍兵士上場。她相信，她的眼淚催化了秘方靈藥，足以治療父親的瘋病，期待理性再上身，引導著他的生命。她終究又失敗了，她是善意與失敗的合體化身，不是命運捉弄她，命運早就敗在她的手中，她執意讓自己失敗。她被捕捉到監牢裡，等待從容就義，完成該完成的生死儀式。

她怎能給自己下這般詛咒，也讓百年來的觀眾，無法擺脫的噩運。

　　母鴿好像不接受求愛，展翅飛過觀眾的頭頂，往另一棵大樹著陸。公鴿毫不猶豫地，飛跟了上去。觀眾無法再忽視咕嚕咕嚕，一些人稍抬頭看著樹梢的鴿子，那是求愛的場景。露天舞台上的劇情，正在求死，跟昨天上演一樣的戲碼。觀眾快速地，在兩個場景裡，來來回回。

　　柯蒂莉亞卻只能在地牢裡，等待。

　　劇情的意象裡，我覺得，她需要用染血的劍與盾，在城堡的護城河入口，一層一層地，堆積成厚重大門，親手把自己的恐懼牢牢捆綁，再加上鎖鏈後，推進大門後的守衛室。她把恐懼推入暗室裡，深信它會安靜地等待。我們都知道，她即將死亡，但是恐懼，仍將如樹上附生的蔓藤，繼續在劇場外延伸。

　　兩隻鴿子一前一後，飛過舞台的投射燈，兩個巨大陰影，快速飛過柯蒂莉亞的身體，幾乎蓋住了她整個人。她相信，自己不是第一位因為心存良善，而被迫害的人。惡報與善報之間，需要不斷的對話。對於受欺壓的君王，她感到沮喪，卻對自己的噩運，神色自如。

　　這種時候，舞台上需要什麼色澤呢？她對於恐懼的好奇心，已被等待一場又一場的血腥，淹沒了。

　　後來，觀眾的鼓掌聲，淹沒了鴿子的咕嚕咕嚕。我們隨著其他人，走出公園後，黑暗已經在路上誕生了，像初生的嬰兒，躺在搖籃裡，等待人生。

理想主義和烏鴉在說話

理想主義應該是黃色系列吧。

新鮮舒活的黃色，不是令人狂躁不安的黃色。我坐在倫敦旅棧的窗前，想像替倫敦著色它的背景。這個我喜愛的城市，它不是沒有悲劇，除了長篇大論的戲劇理論，我想要一個簡單的背景。它只有在悲劇即將發生前，緩緩從遙遠的天邊，如四月流蘇花輕輕飄散。

窗外不遠處，灰色瓦屋頂再過去的那棟房子，不時冒著白煙，是暖氣外溢與冷空氣相遇後的傑作吧。

這不是科學的命題，是悲觀與樂觀，在雲霧之間，相遇時，如何打招呼，如何寒暄的問題，「以前這個時候來這裡時，溫度好像沒有這麼低？」「嗯，可能吧。」白煙消失，在旅棧後院老楓樹的細枝之間。寒暄之後，「你累了嗎？」「當然不會，我還有長路要追趕，我是孤單之光的收集者，折射五十度角後，暗自觀察自己的腳印。」

一隻烏鴉，停在灰色屋瓦上，接近衛星電視接收器。那是沒有被剪掉自由飛揚之翼的貴族鳥，站定後，隨即低頭尋找著屋頂上枯乾的青苔吧，或者其它，我們看不見的東西。不久，另一隻飛過屋頂，原來的那隻，拍動了一下翅膀，好像被嚇著了似的，準備隨時要再起飛。但很快又低頭找尋食物。

灰濛濛的天空，誰能了解誰的心意？

你沿著自己的心意，對著貴族鳥誦讀，昨天深夜才完

成的長詩，順著鮮活的黃色血液，灌醉所有辛苦尋找祖譜的人。雲朵都缺席了，只派來了滴酒不沾的不知名甲蟲，想要安慰失意的左翼之鷹。今天，攝氏零下二度。其實不曾有左翼之鷹來過，只有莫名說話的雀鳥，勉強撐住窗戶這片天空。這種空氣如何熱情地蔓延，歡迎過往的人群呢？

我是不是候鳥？每年停留在倫敦，找尋那些知名和不知名的自己。

我抄錄詩人辛波絲卡的「失物招領處的談話」。你說：「這些筆記文字很凌亂，好像鑽出土地的蚯蚓被掃成一地。」我說：「從小，我就知道蚯蚓是什麼。」我記得，出門前，仔細打理了每一根背部的骨頭，最後卻又把它們斜放在房門口。

我問自己：「蚯蚓的理想主義是個溫情女神，像陣風，卻是絕絕對對的靜？」你卻替我回答：「文字像蚯蚓，顏色卻是張揚的貴族，掩飾只為了更彰顯沒落的心情。」我無話可說，卻又不願默默承受，果真找不到文字，描述失去的疆域時，我將如何面對這種哀傷？

是否堅持，理想主義仍是黃色花朵，或者只是路過的高跟鞋尖跟？

我只能看著它，無法擁有它，尤其是我的無知，仍然難以駕馭它隱形的翅膀，左轉時，如何不觸及心的疼痛。嚴格來說，那是一種疼惜，讓迷失的風，再找到生命的註記，回到祖傳的儀式裡，膜拜最原始的呼喚。

我走在貝爾塞斯公園路，路旁行道樹，每隔五或六公

尺，即是一棵百年老楓樹。而且，這條路很長。

需要兩人才能牽手環抱的老樹。不需要神秘主義的延伸，我重覆問著：「什麼人的祖宗，可以這樣安排楓樹，讓它們如守護神，安立在那裡百年呢？」沿著低於十度的斜坡路，紅色公車剛從身旁經過，我仍然放慢腳步，踩在時鐘上，分針和時針之間。

偶來的細細綿雨，帶來了難以理解的訊息。

只能在分針和時針間，計較時間之傷，如何和貝爾塞斯公園路的溫情，爭奪我那阿基里斯腳跟，套上柔軟的克拉克國民氣墊鞋後，沿路搜羅多年來的腳印。

那些埋伏在腳印細縫裡的心意，宛如國家畫廊蜿蜒幾百年，以畫面上，色塊的移民變遷史，尋尋覓覓安身立命的地方。我只能，先私自收藏自己的心意，等待美麗開始凋零後，再回頭一一細數，黃色的高跟鞋跟，以不規則的形式排列，在若隱若現跟馬路一樣長的綠地上。

沿路上，我在尋找溫暖的一口湯。

經過了令人難以了解的拼貼花亭，看見烏鴉停留在一束黃色玫瑰花旁。我站在路旁，一陣子，午後一直細雨，雨傘撐住了涼意和寧靜，「如果等一下，找到了可以大口喝湯的地方，我要對著端湯的侍者，連說三聲，感謝。」

其實，我想著南台灣的太陽，這是多麼複雜難測，一群色彩的說話史。

Sassoferrato少女的祈禱1640-50

沒有錯覺，什麼事也做不起來。

四百年的愛情，在親吻和做愛的顛沛流離裡，已經翻轉了，好幾個世代了。她依然，深情依依的模樣。曾經錯認而相守一輩的人，走到最後，也得對人世間的安排，嘆為觀止。

我得先從背景的黑色談起，這才是故事的主角，有人在那裡呼喚，也有人挑情，但是對於黑暗裡的事，我們所知仍有限。黑色是她的廣闊天空，不必然是夜晚臨睡前的情境，也許，她才從黑暗劇場裡，走了出來，需要的只是吸一口化外之地的空氣。

她是油畫裡的化身，長度七十三公分，寬度五十八公分的祈禱，也許是站著，或者跪在虔誠的心上。她好像祈求，每一位曾站在她面前的人，能夠欣賞這是純淨的世界，宵小就請自動缺席。或者，像女人的墓誌銘，刻意寫著：「路過者，快快走過」。

我每次來倫敦都會到此一看，拜物者般地膜拜，她的衣服和披風，所流露的深情和克制。

以及，每次來時的困惑。

曾經活過的人，後來，都不再醒來了，往事總是不堪回首。那些吸取情愛已經飽和，不需多餘的人生色彩，來增添惱人的消瘦。我卻像個闖入者，自怨自艾，困惑著她的孤獨，她的姐妹是否安好，她們每天一大早出門，要到

那裡去了？我一直覺得，她因此迷路了，久久出門一次，找不到回家的路。

但是，她仍冷靜地等待。

我也只是隻沒有名字的候鳥，來來回回，固定的飛行途徑，無法帶她回家，她的家在遙遠的地方。我卻覺得，那是回到自己的家。我想問她：「是否害怕？畢竟，外面的世界如此複雜多色彩。」

我總是訝異，什麼是藝術？

因為，她身上的寶藍披風，歷經了百年，仍然是藍得令人覺得，她始終維持在多年前的模樣。少女在百年之後，依然是少女，如果開始出現笑容，少女就冒著顏料的風險，一夜之間，蛻變成女人的風韻。那是畫家們潛心研究的科學知識，礦石和蛋白質的化學作用，讓欲望得以風化，變成了固著的身世，因此唯有祈望，才是唯一的救贖。

或者，另有其他人，花了畢生的智慧，極力保持她身上紅和藍的和諧，讓她的身體，保持著冷靜的姿勢。後來，發現她的寶藍披風，擋駕的不是窗外風雨，而是她一身的熱情，在紅色衣服裡溫馨地吶喊，她從不曾嘶吼。

這讓我疑惑，她那被禁錮的少女情懷，已經在披風裡，孤單燃燒四百年了，接下來，她的命運會是什麼呢？還有誰，可以決定她的未來呢？能夠回答的人，都已經避冬去了。

不得不承認，她是美麗色彩的埃及金字塔，她依然是美麗的構圖，披風的皺褶裡，暗藏著影子，也帶著一絲絲的

嬌滴滴，不是雄偉的山色。白色的頭巾，彷彿千年白雪，潛藏著光的起源，是最挑動的白色布幕，任人投射想望和好奇，述說著冷淡的個人恩情史。

她好像知道，需要冷靜的頭腦，面對男人的誘惑。不論未來是多長的披風，恆溫的閱覽房間裡，頻頻輪班的男女守衛者，她依然只能困守在閣樓裡，絕對禁止任何人的觸摸。

源源不絕的光線，從她的右上四十五度，側闖進了她的世界。那是唯一能夠避開守衛，把自己貼近她，光線不足以打亮背景的黑暗，卻讓她的身體，巧妙變成了唯一的焦點。這是令人不安的透視光，如果不是她輕舉雙掌，五指微微接觸，趕走了擾人心靈的欲望，她的臉不會這麼平和。

是否帶著無奈的表情，也許會是讓人爭議的主題，有人不喜歡她有無奈，因為這會洩露了，她的少女秘密。

走出了倫敦國家畫廊，初春難得的陽光，透過高高的羅馬式大圓柱，迎接了我的想像。我不想讓自己，如同一般觀光客，只是沈浸在她的偉大裡。沒有錯覺，什麼事也做不起來。有了錯覺，站在高大圓柱旁的陽光裡，把心事硬擠壓在心事裡，站成了一串一串疊床架屋的景象。

我自問：「下次再探訪時，是否她將改變自己的未來？為了我！」

自由的房子和地鐵間的關係

你在暗示什麼，難道，我們來錯了地方？

那是蘆葦起風的沼澤地帶，也是風聲轉彎的地方，就算你採取拖延戰術，意圖遲緩，嘴巴和舌頭之間的交戰，這一切終將無效。畢竟，你怎麼可能，在人情世故糾纏的死結上，扦插黃色玫瑰花。這種死結，需要鐵銹色的噴漆，然後，豎立一片亮麗黑色門板，還有金色新穎的把手。

就算是常來的地方，初春的英式酒吧，仍具有新奇感受的橋頭堡。

總愛想像比較，台灣是否有類似功能的地方？後來發現，這只是一個虛假命題，機警駕駛著鞭子和輪子，躲避哨子的取締，任何答案仍無法讓自己滿意。你需要的只是，保持最後的清醒，在最後一口啤酒，張開泡沫大口，吞下你之前。沒有必要因此感到抱歉，不只是有個地方喝酒而已，也包括它所傳遞的，自由房子的氣氛。包括用話語，來埋葬陌生，交換熟悉的手勢。

戶外仍是冷冽空氣。櫃台內的女侍者穿著黑色襯衫，紅白相間的細領帶，在襯衫中間折入內裡。她那金色頭髮，偶爾站在吧台前，與酒客聊天，卻掩飾不了髮根的深處，逐漸偷偷長出的褐色。但是，大多時候，她好像無所事事，東走走，西走走，後來拿起手機，玩著遊戲吧，直到兩位年輕人趨向櫃台前，她才把手機放在櫃台後的平台上，然後，問年輕人要點什麼酒？

　　我在等待一場戲劇。在泰晤士河南岸的國家戲劇廳即將演出的戲碼。

　　如果要談論這場戲，需要不同的心情，尋找不同的字句，來證明被淹沒後，再找出呼吸另一口空氣的方式。走出戲院後，才覺得人生的主戲，其實是在進場前和出場後。問題變得嚴重的地方，是因為我一直把進場看戲，當做自己和自己間的角力場。

　　那是山水和神明間，比賽誰比較長壽的天庭，後院裡，年幼的小山丘只好默默地，長著自己的樣子。

　　後來，車子就到了，地鐵肯登市站的愛吉味兒分站，這個地鐵站比較複雜，但只是我的過站不停。你聽不到暴風雨，如何在遙遠的港口，對著行道路吶喊，讓路讓路，趕快讓路。你還在學習應付人生的種種不幸，最困難的地方在於分門別類，然後以米色泛黃的稿紙，一筆一筆書寫，張貼在那個黑色板門，離金色把手不到二寸的地方，以確定所有路過者，開門走進悲劇前，都可以事先看見。

　　再兩站就到旅棧所在的貝爾賽斯公園站了。

　　這是常坐的路徑，主要是常去倫敦西區看戲的緣故。我無法確定，這是在回家前，尋找昨夜未歸的肩胛骨，或者，替以前未吃完的乳酪，加上另種風味的配料。失去的很難盤算，獲得的也不容易估價，唯有繼續前行，等待布幕徐徐降下後，大力鼓掌，在掌聲裡喚醒，那些沈睡多年的懈怠。

　　由於坐在第一節車廂，旅客並不多，並沒有站立的人。

這是一週以來觀察的結果。雖然車廂搖晃，仍可以書寫筆記，寫著寫著，很快到貝爾賽斯公園站。今晚，順手翻了一頁，在水石書店，新買的愛爾蘭詩選集。闔起書頁後，才驚覺，莫名的心情竟無端地，自行召集了一場反動遊行，它們在不著邊際的風中，一邊懺悔，一邊吶喊，原本以耳語方式流傳的故事。

已經數不清的風馬牛，仍隱隱地串聯，為了一場不經意的相逢。

「台灣這個蕞爾小國，還能夠容納超過半百年歲者，發揮他的文字創意嗎？或者，詩人藝術家還有立足的機會？」這只是因為可以不必再奔波，小腸和大腸的蜿蜒路，才有可能嗎？那也是悲劇吧，但是，我只能把問題，先掛在窗外老楓樹的枯枝頂端，等待新春來的綠芽，再走過生命另一輪。

詩人能做什麼？

「如何仔細揣摩，和土地緊緊相扣的命運。將以何種方式，迎接不可知的未來？」這是深深的感嘆，只適於在自己心中先上鷹架，準備搭建深邃的迴廊，卻不適於成為期待他人的理由。這也是那場反動遊行，還沒來得及寫成標語的餘緒。

若是哀傷，卻是過度的描述，至於徬徨，它是我的鄰居。

劇作家貝克特的＜終局＞在倫敦

麥浪的風，出力吹著。

風包裹著金黃的成熟氣味，終究吹不到倫敦。

在無人島上停了下來，這群沒有國家的風，三三兩兩，圍聚在岩礁上，相互依靠、相互取暖。它們在狂歡舞會裡，相互傾訴多年的愛戀，談論著等待年老之後，如何再拿著灰白色枴杖，在天空裡飄浮啊，飄浮啊，只爲了能夠在氣息將盡前，再回到自己的故里。

只有山繆貝克特，從受害者的眼神裡，淘出迷走神經的壓抑和興奮，扛著掩人耳目的左心室角落的疼痛，走了很遠很遠的路。

經由法國，拿著陰霾的雨傘，繞路來到了倫敦。他孤獨，微微彎著腰，背起了，七百年不共戴天的情仇，雕琢成漆著橘白綠三色高柱。他喜歡拿著灰色的茫然若失，以深沈的哀傷頹唐，代替他的族人當年放在垃圾桶或車底的土製炸彈，撞擊出喋喋不休的火花。

「科羅夫！（停頓）不，孤獨地。（停頓）什麼夢啊！那片森林啊！（停頓）夠了，結束的時候了，在這個避難所也一樣。」

泰晤士河南岸，河上遊艇裡，擠滿人和人相互觀看的欲望，順流而下尋找曾有的光榮勳章，或者逆流想要童年母親的胸脯。陣風之後，總有另一陣風，戒慎尾隨，揚起逃亡的旗幟。我趕緊喝下，杯底最後一口生啤酒，需要趕

路，倫敦國家戲劇廳的戲碼，就要上演了。

逃亡者貝克特的「終局」，百年來恩恩怨怨的終結，仍需要放手製作寬廣的路標。或者，更多的激辯，就算臉紅，或臉色蒼白了，仍值得看下去。

今年，冬天依然寒冷，只爲了去年曾經冷過。

泰晤士河畔那五位街頭男藝人，努力吹奏同一首曲調，已經重覆不知多少次了，是否那是他們唯一糊口的曲調？「多年來，他們都是同一地點，同一首歌曲，甚至沒有演奏完整首，他們如何填滿肚子？」這個疑問，已經塞在困惑的心房裡，排隊等候多年。

後來，他們的肚子愈來愈大，我不必在風中尋找答案。我把問題調整爲：「他們的演奏，何時可以有街頭專業的旋律？」

「夠了，說故事的時間到了。上次我說到那裡了？（停頓，敘事音調。）那個向我爬過來了。臉色蒼白，極度蒼白而且瘦弱。他好像正要……（停頓。正常音調。）不對，我已經說過這一段了。（停頓。敘事音調。）我冷靜地填滿我的煙斗…海抱石做的煙斗。」如果蒼白是未來的命運，仍需要奮不顧身地說話，爲了彰顯卑躬屈膝者，微薄且擅作主張的尊嚴。

無論如何，對於蒼白，我們只能謙恭，畢竟，我們對此所知有限。

我們姿勢嚴肅，坐在沙發椅上，舞台就在不遠處，灰白色系的景象，又像是遙遠的星球。那是深處的星球，不

是來自外太空，是悲傷的五顏六色，嚴肅如同白金漢宮儀隊般的正步，踢翻了哀悼的瓦罐，來不及撿拾滿地的破碎。卻是唯一的景象，卻是唯一未來。我看見了，那是我的故鄉，沒有靠海，悲哀只能低頭，向深處的陌生星球，呼喚：「是否有人，聽見我的說話？」

他以終局在舞台上，揮霍無可奈何。

可能是對於自己是什麼人，找到了片斷的訊息。可能是別人張貼出來的自己，但他需要說出內心話，佈告欄公告出來的自己，需要小心，避免沒有想清楚的任性。「（停頓。暴怒地。）用點腦筋吧，你不會嗎？用點腦筋，你是在地球上，這一點，已經無可救藥了！（停頓）離開這裡，去彼此相愛！去舐你的鄰居們，就像舐自己一樣啊！（停頓。平靜些。）當那不是麵包時，他們會希望那是鬆餅。（停頓。暴怒地。）滾開吧，回去你們的狂歡舞會！」

這不是誰的問題，卻是我們的宿命，需要不斷掙扎，不被蒼白染色太深，在終於無法自拔前，奮力地以制式火藥，烹飪人性的殘餘。我感到迷惑，貝克特的婉轉路途，始終在灰色裡，燃燒著最後的灰燼。

就不再愛戀了吧，這是人類最奢華的禮物。卻始終找不到，最適切的特殊包裝紙，來掩飾百年來的血腥和失落。也許是最大的殘酷，無法塞入人類早已擠滿恩仇的微血管，只能在臉部毫無表情的皮膚，等待從眼角的魚尾紋，慢慢滲出愛和恨，來進一步冷卻，冬天裡，已經凍僵的斯文和傲骨。

不再日不落國，太陽依然

說真的，不論是否相信還有日不落國，太陽根本不理會你的想法，只是你是否看見它，得看雲的眼色就是了。只有某些醉在酒中的街頭遊民，有十足勇氣不理會太陽的樣子，只是這條街，幾乎不曾見過他們。何況，這是一天的開始，即使沿路常看見的繡球花，不論粉紅或藍紫帶白邊，都展現神秘容顏，讓人難以猜透，它們想些什麼？

貝爾賽斯公園路上，三棟百年豪宅，已經被圍籬起來，有兩年多了吧。是否殖民地的沈默，需要以幾聲嘆息，做為耳語的方式，傳遞日頭即將西落的記號。但是，這讓有莎士比亞做為後盾的三度空間，只能選擇孤寂，讓無聲做為抗議時間的翻飛布條。後來，公告要重整修成旅棧。我只是旅人，對於這個公告，卻覺得無奈。

由於是老宅，需要維持著外牆，讓整條街景有整體感。倫敦人的白色美學吧，讓肥胖的蜜蜂，在白色背景裡，繳械成可愛的吉祥物，飛在原本磚塊堆砌起來的江山，現在，大都是水泥內裡，白色外表，搭配了不同色系的大門。很單純的感覺，就像被蜂針刺上，就會疼痛，不需要太多的判斷，第一眼，就會覺得這是英國，或者這是在歐洲的感覺。

很奇怪的想像，它卻這麼發生著：「倫敦是什麼呢？」這是重覆問自己的問題。其實，沒有太多理由，一定得問自己這個謎樣的習題，好像註定會失敗的形上美學原則，

如攀緣植物盤旋圍繞羅馬柱，虛構不朽的完美比例。隨著時間在地衣和青苔的更迭，卻難以消化第一顆基石上，被灌溉的野心。

　　銀色厚木板圍起這三棟豪宅，另在圍籬大門的門板上，有一隻獅子的剪影，鏡子般反映著對面的房子，以及來來往往的行人。「難道像台灣廟宇的門口，站立的石獅，震懾著過路的鬼神？」我不是鬼，也不是神，只是疑問：「百年豪宅的下場？」想著太陽下山後，地平線會做什麼娛樂自己。也許是地平線的私事，我的好奇長不出水仙花。

　　印象裡，那裡原本有一張長椅。有人常坐的地方，不長青苔。沈默的地方，卻是最青苔最喧囂。長椅最上方的橫木條背靠，以小銅牌寫著，為了紀念某某人，捐此長椅，在世時，她很喜歡在這條路散步。她的靈魂只需要保持安靜，卻說了很長很長的話，有這條街道那麼長吧，或者長了尾巴繞過轉彎的另一條街。有小銅牌的那張長椅已經不見了，這是後來才發現，起初我只覺得「怪怪的」。

　　圍起籬笆後，覺得這段路很煞風景，我總是快快走過，雖然常自問：「怎麼這麼久，仍處停工狀態呢？」、「也許景氣不佳，暫停施工。」偶而從對街走過，卻看見部分屋頂已垮下來了，露出我一直好奇的：「到底，牆面裡是什麼呢？」「原來，就是一些泥土在牆面之間。」滿足了初步的好奇，卻沒有增加我的興奮感。我知道，失去五條河，比獲得五座山，失去的比獲得的還要更多，比再增多一座山還要更多。

　　早上，溫度攝氏三度，雲伸開雙臂，整個身體擋住了太陽。中年婦女推著娃娃車，女嬰路過獅子鏡面時，努力地吵著，要停在那裡。婦人又將娃娃車回推。女嬰看著獅子鏡面反映她自己，如同一般常見的形容，手舞足蹈，嘴裡亦哼哼地叫著。婦人蹲下來，指著獅子鏡面說：「這是你，這是你。」女嬰好像滿意了，安靜下來，婦人推走娃娃車。我快步走過，不覺得這是稀奇的問題，還有更重要的事，在前方等著我。

　　隔天，我經過時，停下來，看看獅子鏡面裡的自己。為了避免異樣眼光，刻意地，假裝不是好奇鏡面裡的自己，而是觀察鏡面裡扭曲的背景，雖然當時並沒有路人在附近。問自己：「這真的是自己嗎？」事情已經變得複雜，無法再單純興奮地確定什麼是自己了？這個，唉，頻頻張開大口，老生常談卻趾高氣昂的貪婪。我只能在無力之上再加上挑逗，挑逗之上再堆砌無知。

　　好像我才是最大的廢墟。

馬格達倫在讀書，1438之前某個時候

請放慢腳步，再怎麼忙，都不要用最細微的雜音，打破閱讀的神聖性。

沒有什麼比閱讀，更具有神聖的意味。五百年以上的試煉，你仍讓身上的衣服，幾乎維持當年的樣子，不讓色調起了太大變化，也許這只是我的想像，就算目前的樣子已是了不起的成就。你好像知道，一切都會這麼發生，你必須這麼做，讓觀者必然淪陷於驚訝表情裡。你依然毫不動心。兀自坐在房間角落，那是你的全世界。

這只是一幅繪畫被切割的一部分。後來，你流浪並定居，在倫敦國家畫廊的某個角落，以六十二公分和五十五公分的尺寸，成為聚焦的色澤。你的白晰臉龐安安靜靜，嵌在金和綠混凝的皺褶上，產生了空氣浮動的氣氛。你其實很性感，這是最簡單的結論。但是，不能把話停在這裡。

我想說，讀書的女人很漂亮，但是要如何說，才不會使得你只是純粹的感性，不論你是否正在讀書。

我重覆盯著你，想著，何以白色頭巾後，路過大法師的黑色披風，讓你的白臉變得溫和，只是色彩學的科學對比？或者，還有其它難以言喻的訊息？讓人難以拒絕多看你一眼，就在那瞬間，我加入了某種感性，讓事情變得複雜了。但是，我不能因為複雜，就離開這個場景。

你坐在某個角落的矮凳上，身體斜倚在置物架上，如果使用太美化的字眼，描述這個場景，可能會轉移你自身

的存在。也許房間裡很吵雜,你只是忙裡偷閒,你後頭兩位正走過的宗教法師,我們看不見他們的臉,後頭者右手握著一串念珠,左手拄著拐杖。不被看見的男人在背景,讓你成為焦點,還好並沒有讓你感到不自在。這讓祭壇上高高在上的男法師,變成遙遠的標本。

你務必要原諒我,只能從目前的資料,試著來了解你。你的來歷身份始終成謎,有人說是妓女的化身,有人說你是見證耶穌再生的關鍵人物,被賦與闡釋耶穌話語的權力。有人說,沒有你,新的宗教就無從產生。我不是這些言論的評論者,圍繞著你的謎,不論你是什麼,都增加了你的說服力。因此,也有人說,你是使徒中的使徒。

但是,我還沒有找到形容你的簡單話語,看來我寧願使用更多不確定的字眼,來形容這些不確定。

行動中的人物和安靜坐著成對比。不協調的景象。女人的畫面卻像個奴僕,在辛勤工作之後,以閱讀做為休息的方式。她看起來端莊,卻是在莊嚴的場所,露出她外衣內的襯衣,增加了畫面的衝突感。我讓自己離她遠一些,為了再看清楚她在整個環境裡的風雲。

左上角是戶外景象,陽光的一天,花園裡小河流轉彎而過,像是她金綠長袍上皺褶的蜿蜒。她的表情就是一幅風景,我仔細在泛白平順的皮膚上,閱讀著她的臉龐,何以說明了更彎曲深遠的故事?以當代藝術的顛覆性格,這些陳述相當保守,難以登上大雅之堂,只是看了她的樣子,卻讓我再深思,她只是畫中人物,再怎麼寫實,也不

是真實肉體的她。

只是，真實又是什麼呢？

白色瓶罐、白色頭巾和書本上的白色邊框，構成倒三角不平衡的構圖，那本書正在翻頁的動作中，增加了畫面的衝突性。我真想伸手扶住你的臉，你的單純安詳呈現穩定的神情，讓我的手停在半空中。你不必原諒我的有意冒犯，我知道你不是女巫，我不會只因為有意，而可能被變成烏鴉，只能在窗外遠遠看著你。

我必須要離開了，以後再來看你。那位保護你的館方人員，已經覺得我在你面前逗留太久，走過我旁邊已經三次了。我無法如你的表情那般平靜，面不改色，我真的得走了，無法不理會服務人員所傳遞的警戒氣氛。我會去國家畫廊的禮物販賣部，找出有你在場的明信片，然後，到街上找間酒館，書寫我的感受。

我將這張明信片寄給回台灣後的自己，你會比我還早回到台北，那是你不曾到過的地方，有醜陋也有歡欣的地方。

(2011.04.16完稿)(2014.07.28再修)

關於《分析的態度》
REVISITING THE ANALYTIC ATTITUDE
（回應Maria Teresa Hooke女士的論文）

本文是口語報告後改寫的文章。2015年12月19日-20日臺灣精神分析學會的年會活動裡，Maria Teresa於12月19日晚上向會員宣讀她的文章，筆者在12月20日回應她的文章。

Maria Teresa好，各位會員好：

先說今天走路來這裡的感想，臺灣精神分析學會走到今天算是某種程度的成功，但是任何成功很少沒有代價。我說的不是事前付出的努力，那是辛苦，但也有甜蜜帶辛酸的回憶。如果談到這些有淚水，你用舌頭觸及這滴眼淚，你會發現有蜂蜜和梅子的味道。

但是我說的代價是事後才出現的。這不是我們對自己說，我們很勇敢，不怕代價就好了，而是要思索成功的最大代價，是能夠讓人失去了某些能力。例如，再傾聽自己和別人的挫折、不安和失敗，這是苦澀的味道。我們的舌頭會在成功後缺乏勇氣，伸出來嘗試這是什麼味道？雖然在精神分析的領域裡，我們最自傲的是傾聽和思索，這才是更深沈的心理和人性課題。

　　接下來，我談的內容是我想像的分析態度和架構（setting），回應Maria Teresa女士昨天的文章，也思索除了診療室外，分析學會的發展邁向成功的路上，我們可以同時一起想什麼？唉，話已經說完了，但如果只停在這裡，就會像是訓話或不夠科學的文字，因此請各位容許我論述一下這些感受的背景。

緣由

　　首先，我要感謝學會理事長周仁宇和秘書長楊明敏，以及這一兩年來和Maria Teresa女士保持聯繫的劉佳昌，當然再加上各位努力的成果，讓臺灣精神分析學會年會裡，這場回應Maria Teresa女士論文的會議可以形成。

　　在我們學會的發展過程裡，Mrs. Maria Teresa Hooke以「國際新團體委員會（ING）」在職主席身份的親身來臨，我相信是「精神分析」和「臺灣精神分析學會」在台灣發展的另一個里程碑。

　　我今天在這裡以我們在地平時的語言，對各位會員談論我對於Maria Teresa女士關於《分析的態度》的解讀，這是有幾個意義的，雖然有些意義也許以後才會清楚浮現，我就先說明目前想得到的。

　　在這場會議前，和Maria Teresa、仁宇、明敏一起討論後，我很高興，也更確信，我可以在各位會員和她面前，

自由表達關於精神分析在台灣的發展，還有什麼值得思考的。我相信我和我的同僑的思考和經驗是能夠有所貢獻，雖然在制度化的層面，當然得尊重她和國際體制的某些明顯或潛在的規則。

各國精神分析學會成立的目的，是在地（例如，我們腳下是台灣）發展精神分析，而精神分析師的訓練是這個發展裡的一環。由我們自身的經驗，知道除了精神分析師外，其它如心理治療師和其它學門的論述，都將構成精神分析在台灣發展的地貌，因此仁宇、明敏和我及其它同僑在合作過程裡，進一步發展精神分析的在地化時，我們認為這些都缺一不可。

個人的經驗片斷

以我個人經驗從醫學院二年級開始，那是1979年，離今天已經是37年前了，開始參加詩社，在戒嚴體制下開始認識到，被洗腦的歷史和我自己的命運是什麼？那曾經是多麼虛假和令人不安，後來開始在文學和佛洛伊德作品裡打轉，再加上去了倫敦的經驗，和後來來來去去倫敦多年，也許有機遇的因素，但也種下了走到今天的毅力。

但是當我們談學會談制度時，那就不再只是個人而已，雖然我等一下談論精神分析後設心理學，現在先談自己的經驗，這是我認識精神分析的親身經驗，也是我的立足點，不只是理論，而是這些後設心理學在自身經驗和變

化的過程。然後，目前走到這裡，也僅就是走到這裡，未來還有長路得走。

至今，我相信有一個「精神分析師」就在我內心深處，是一種很私人的我和自己的認同關係。做為一個人，除了我的外顯個性外，做為別人的兒子，別人的先生和父親，在專業上，我看不出除了「精神分析師」、「詩人」和「精神科醫師」外，我還是什麼？在體制上，我們每一個人基於自己的選擇都會有自己的定位，在個人和制度之間，如何維持著相互創造和相互共榮的方向，對每個人都會是項挑戰。

從制度層面來說，並非我們要將有它自己歷史基礎的制度移植來台灣，好像台灣是個殖民地。我也參與中譯和出版了《佛洛伊德－克萊恩論戰，1941-1945》，回頭來看，我總是得思考這些衝突和爭論，如何回到精神分析本身來探索？這無損我個人心中對於制度的尊重，但是如果要橫的移植，甚至變成是鄙夷他人或不同國度的制度，那我們就得思索，是否屬於個人人格嚴屬性的攻擊，但那是在發展精神分析嗎？雖然我們可以很自傲自己的經驗。

也就是說，在臺灣精神分析學會制度面，不論是「精神分析師」、「心理治療師」、「精神分析取向心理治療師」，並不是意味著誰要把誰看得低一等，或是誰是高一等，也不是說大家跟我學就好了，當然不是，如上個月臺灣精神分析學會在台南舉辦的精神分析工作坊活動裡，我談到我們目前比較資深成員的學習歷程和方式，大都需要

出國至其它國家，歷經個人被分析等學習過程。從母語語言和深度心理之間的關係來說，坦白說這些都不是正常的過程，因此這不是每個人都學得來的，我認為也不必然要依循我們已有的模式學習。這是我們深知一定要慢慢，我強調慢慢的，讓精神分析師和心理治療師的訓練，做為精神分析在台灣發展過程裡，逐漸在地化和制度化，但也持續跟國際保持密切接觸和互動。

接下來，精神分析在台灣的發展，除了不同理論間的議論外，其實影響精神分析在台灣發展起起伏伏的因素，最重要的因素之一，可能會是我們的個人人格特質，而人格特質的了解和變化，又是多麼艱難的過程。我只能期待讓人和人之間結合的力量發揮它的力道，例如，佛洛伊德談論的性本能，和比昂（Bion）談論的「連結（linking）」，在學會做為一種體制和個人的人格特質間，可以有什麼出路？

而且是關於「精神分析」的出路不是打死結，變成精神分析只是少數人的出路，而是大家的共同出路，儘管有不同的位置，不論你是制度上的「精神分析師」、「心理治療師」或精神分析學者，大家都有路可以一起走。這是大家得共同面對的事，也是一項艱鉅的挑戰，絕不是嘴上蓮花的事而已。

這些想法是基於Maria Teresa女士的文章《分析的態度》，我以具體的，部分的在地經驗為題，接下來我就以後設心理學的論述做為背景，來消化這個主題的抽象但又很具體的課題。希望跟各位一起想像，重點在「精神分析」於台

灣的整體發展，我們每個人能貢獻什麼？學習、教學和繼續走下去，當然都是貢獻的一部分。

感謝

在此表達歡迎Maria Teresa女士來到台灣，她的到來對台灣的精神分析發展是重要事件。感謝她曾對台灣的協助，我們需要朋友和老師繼續協助我們，也一起見證臺灣精神分析學會(Taiwan Psychoanalytic Association)嚴謹地走著每一步路。

感謝理事長周仁宇醫師和秘書長楊明敏醫師的安排，我很高興有此機會，藉由回應Maria Teresa女士的文章，表達個人對於精神分析的某些想法。我試著從有限臨床經驗裡累積出來的幾個圖像，做爲思考的起點。由於是具體圖像當然不希望反而變成侷限，希望是刺激思考的開始，一如她的文章裡所帶出的訊息和思索的方向。

Maria Teresa女士目前是國際精神分析學會（International Psychoanalytic Association, IPA）的「國際新團體委員會」（International New Groups Committee , ING）的主席，她思索世界各地新的精神分析團體形成過程裡的某些重要課題，尤其是訓練的課題。她在這篇文章嘗試面對新科技，如Skype，被運用於精神分析所帶來的經驗思索。她以「分析的態度」和框架或底座 (setting) 爲焦點，進行科學

探索運用新科技的主題。

佛洛伊德曾以外科醫師做比喻

　　重點就在於什麼是「經驗」？大家在實踐以精神分析或心理治療為名的過程，什麼是經驗？如何描述它，以及如何從經驗裡學習呢？一如比昂(W. Bion)在《從經驗裡學習》（Learning from experience）的概念。

　　就算有了經驗，我們還是先回到精神分析歷史來消化，佛洛伊德曾以外科醫師的比喻，來描述精神分析師的內在和外顯狀態，這是一種以醫師做為科學家圖像，和意圖保持或擱置情感在一旁的圖像，如果延續Maria Teresa女士幫我們回顧的分析態度，在精神分析史的旅程，當我們著重移情和反移情，以及強調個案故事內容外的情感衝擊時，外科醫師冷酷精準的意象。

　　也許是對於精神分析取向治療師某種內在狀態的堅持，但是這種意象卻無法幫助我們，甚至有時成為妨礙我們再觀察，讓我們忽略了定型化意象外的其它內容，例如，外科醫師的定型化意象底下的其它豐富情感反應，是否可能成為我們了解個案的來源和材料？因此外科醫師的定型化意象就不足以或無法滿足，後來如Maria Teresa女士所想要發現和解釋「分析的態度」的某些部分了。我將在她的論述基礎上，試著舉出幾個不同的比喻，做為想像

「分析的態度」的某種方式。

首先，先素描我所了解的精神分析現況，是以「此時此地」（here-and-now）為基礎，也就是從診療室裡正在發生中的移情（transference）出發。就算是如此簡單明確的說法，在精神分析界因國度風情和理論學派的不同，仍有不少爭議，因此筆者的論點也僅是其中的一種。相對於其它國家近百年的發展，我們的精神分析仍是發展中，當然仍得借用他人的理論為基礎，才不致脫勾到難以辨別它是什麼。不過筆者倒是試著提出幾個比喻，做為我們從自己的在地經驗出發的想像。

當個案捕捉記憶並記得說出某些生活故事，精神分析取向者並非只在個案說的故事裡找尋解決之道，這種做法是假設個案所說的故事都是記憶正確，而且假設個案已完整說完了故事。但是臨床經驗發現這兩個假設可能是有問題的。

在診療室現場，精神分析取向者是採取了不同的假設，和不同的聆聽個案故事的方式，就是以個案所說的那些故事為基礎，觀察和推想個案潛意識地在當刻所呈現的移情。但是要讓這些情況可以被思考和被說出來，需要一個平台，而在這平台上工作就需要涉及技術的課題。如果精神分析技術的目的，如佛洛伊德的工作經驗裡逐漸呈現出來的方式，個案的「自由聯想」（free association），和分析者的「自由飄浮的注意力」（free floating attention），以及分析者在態度上節制要治療好的欲望，讓個案以他們

自己的角度重新詮釋自己的從前、現在和未來。

　　不過這些策略不是那麼容易被了解，尤其是何以分析者要節制把個案治療好的欲望呢？這涉及精神分析或精神分析取向心理治療的目的是什麼？以及臨床上發現，分析者帶著愈強烈想要治癒個案的期待時，可能帶來的是冒進或過度簡化個案的問題，反而遠離了對於個案的其它了解和想像，結果是讓問題依然持續，或者變成更像是硬塞治療者個人的人生觀給個案，也遠離精神分析被設定是，讓個案能夠找到自己的方式和角度，重新詮釋自己過去和未來。

　　因此在這個方向上，如果只以外科醫師的精準手術，不涉及個人情感的比喻，來想像精神分析取向者的角色則是有所不足。

人生長河的森林和沙漠比喻

　　一如Maria Teresa女士提及的，「框架（或底座）是分析態度整合的一部分。分析態度是『一個整體』，它的所有面向是整體的一部分，而框架（或底座）也如此。」（The setting is an integral part of the analytic attitude. The analytic attitude is 'a whole' and all aspects of it are part of the whole, and so also the setting.）這句話有些抽象卻是在闡述一個重要的概念，就算是談論某個重要的主題，仍是以一個整體叫做精神分析的內容為基礎。因此談論框架和分析的態度時，和精神分析做為整體是什麼息息相關。我嘗試

提出某個圖像來理解和說明她的意思，不再只是針對分析師像外科醫師的個人圖像的想像，我的圖像比喻是指向整個診療室裡，個案和分析師或治療者間息息相關，互動所發生的潛在圖像。

當某個案的所有話題和能量，聚焦或固著（fixation）在某些特定故事和問題，例如原先的主訴是心情低落，在第一次開始心理治療時，先略談過一些心情問題後，就把所有話題都集中在抱怨婆婆的問題，好像目前人生所有困境都來自於婆婆。因此她在診療室裡陳述的內容集中在「婆婆」這個意象，乍聽好像是談了很多豐富的素材，雖然事後細想時，卻發現個案的談話內容是重複且少樣性，只有婆婆的影像特別被加重，如重複以炭筆畫塗抹變成很厚重的影像。

針對這些個案這樣說自己生命故事的方式，我提出的假設圖像是，他們的人生能量（如原我、超我等）匯集流動成一條長河，這是生命如長河的比喻，也顯示河的界限反映了人有它的侷限，一如河流經過大地時有範圍的界限，我順著這個從臨床經驗衍生的比喻圖像，來細思分析的態度以及它的背景。

當某些個案將所有力氣和注意力，都花在某些特定問題或一心一意想要的成功，努力的結果他們也算是如預期的成功了，如果把他們的人生成就比喻成，河岸旁有限的地域裡有茂盛成長的森林，在充滿成就的森林裡卻只有黑暗中熟悉的路徑，他們已經在暗黑裡熟悉了每天固定行走

的路徑。

由於成就感仍佔據著當事者，因此對於處在人生成就
如茂盛森林裡的暗黑和不方便，不一定會覺得受苦，除非
後來發生了某些事件，讓當事者突然發現自己身處在不自
覺的黑暗裡。通常這是當事者困難理解，自身的人生成就
已如預期地達成了，何以他們仍然不快樂？甚至如在黑暗
中充滿了困惑，不知何以會有目前的感受？

如果因為某些事件讓他們的視野拉高，或者被逼迫必
須離開有成就的森林，走出森林，他們將發現自己的人生
地圖的其它地方，因為河流生命之水未流過而形成沙漠。
人生的圖譜變成是茂盛森林和匱乏沙漠的強烈對比，因為
他們的注意力和生命能量，不曾抵達河兩岸旁更遠些的其
它地方。因此他們陳述問題時的感受時，總是一如處在如
黑暗森林中不可知的情況，卻又好像已經有了問題起源和
解決之道的答案。

依他們的陳述內容來說，是自設了問題和解決之道，
但常常是將問題的解決方式推向古老的以前，這種推論只
是讓自己的問題被推向無力感和絕望，好像生活上的沙漠
裡，找不到其它資源，甚至不願走出黑暗中難解問題的森
林，只因森林之外就是不曾被他們注意過的領域，在長年
之後變成了人生沙漠。

何以如此？如何在黑森林裡找到光明呢？看清楚這是
什麼？周遭還有什麼？這是容易被個案潛在地誘惑而走進
的工作場域，但是我們無法逃避，只能在黑森林裡一起探

索。這涉及了分析的態度，當然還有需要如何做的技術課題，不過，不論是分析態度和技術，都涉及另一個更大的想像，人要從精神分析裡得到什麼？或者精神分析能給人什麼？

陰性能力一如我們比喻的大地之母

我假設精神分析能給人們自由，讓人們以自己的方式再看世界和詮釋世界的方式。這需要他們有機會走出黑森林，到外頭的沙漠世界，但是沙漠世界難以住人，需要水流，如果後來水能流到沙漠裡，在某些地方形成綠洲或小森林，個案的生命之河所流過的支流就豐富了世界，也豐富了他們看世界的多重方式。

如果在精神分析或心理治療的過程能達成這樣的結果，當他們再度俯視自己的世界時，生活範疇就不再只是一條長河被吞沒在長條黑森林地帶，變成是有森林，有綠洲的世界，這是象徵上視野景觀的改變，也是生命基調的改變。他們可以再回到原本的森林，如果他們想回去看看，但在他們走出森林看過其它世界後，那已經是不同的森林了，因為整體來看至少有其它地方可以去了。

如何達成這個圖像呢？再回到Maria Teresa女士所提及，佛洛伊德的自由飄浮的注意力，和比昂的陰性能力(negative capacity)的闡述，其實陰性能力的比喻來自母親具

有的能力，一如我們比喻的大地之母。如同我比喻裡，大地裡有長河和綠洲，有最大的樹到最小的苔蘚。不論是詮釋個案所說某些現象背後的深層意義，或邀請個案談論某個課題，在治療技術上就像是引河水流出森林到外頭的沙漠，至於是否能夠流成一條支流，這可能很難完全由治療者一手操控，何況基於自由聯想的原則，分析者也無法或不必強行控制。也就是，佛洛伊德所提出的節制之意。（或者也不必然如此困難，但要想的是那種強制的手法是我們要做的嗎？）

比喻上由於分析者採取自由飄浮的注意力，不是特定地追隨某個被假設是很重要的主題，而是隨著個案的陳述而提出問題或詮釋背後的意義。但又不是針對特定問題，這是佛洛伊德所說的節制的意思，使得治療雙方的互動方式是在未來能夠都自由的目標，而不是假設分析者知道有個答案在遠方。

在這個過程裡由於生命能量如河水的灌注，讓生活裡某些原本被忽略如沙漠地帶，可能慢慢長出不同大小的植物，這種過程裡不是指導式的操作方式，可以說是灌溉，然後等待幼苗長大的陰性能力的一環。至於幼苗是什麼？通常看個案原本的生活環境裡，有那些如種子般的資源，假設只要水來了自然會慢慢發芽成長。

容我由此稍為衍伸，一如我們也期待，在台灣這塊土地上發展精神分析，我們要再問的是，精神分析是什麼？是大樹，或者從苔蘚到大樹呢？這是精神分析在發展中的

國度值得思索的地方。如果我們的在地經驗，能夠從我們
謹慎發展的經驗裡，提供回饋給整個國際精神分析界，這
需要我們跟國際精神分析界，維持著如前述意像裡的互動
（mutuality）和動力（dynamic）的關係。

有不礙空，空不礙有

　　不過，我認為必須正視這是不容易做到的態度。一如
Maria Teresa女士談論的分析態度，不是容易做到的，是一
個動態如流水的過程，不是一種靜止狀態。「雖然節制仍
是當代的潮流，但目前我們不是談論中立性，而是探討相
互性。」（ While abstinence is still current, rather than
neutrality today we talk about mutuality.）這是Maria Teresa女
士的說法，我再另舉出一個概念和一個圖像，來消化這種
困難的想像。

　　先回到佛洛伊德當年提出節制的概念，後來被其他臨
床家實踐後再出現了中立性的概念，來補充說明在實踐節
制態度時的另一種了解和體會。因此要談論分析技術裡的
中立概念，需要回到這個歷史脈絡。但是在實踐中立性概
念的過程，分析者勢必也體會到這不是靜止不動的概念，
而是個案和分析者在不斷進行的過程裡，維持著某種互動
狀態的一環。

　　也許因此如Maria Teresa女士所說的，開始著重診療室

裡雙方的相互性，在後設心理學上一致的地方是，從原本相對著重移情的經驗，後來也需要加進反移情的經驗，一起來探索診療室裡的經驗，而不是將反移情的概念只放在，分析者個人被另一人分析訓練時的另一間診療室裡。

爲了了解Maria Teresa女士在前句裡的說法，我提出一個取自於佛禪宗的概念，在佛禪宗史裡，有一個長期的爭議，人生是「有」或者人生是「空」？如果說「空」，何以有身體、有概念、有食物、有父母、有自己等？但是這些「有」卻是如此不可依靠，轉眼就會成空。佛禪宗的立意是要「看破」這些「有」而成「空」，因爲人生的確轉眼變成空，雖然來自深奧的佛禪經典，但已是我們日常生活裡常常聽到的話語。如何在「有」和「空」之間取得平衡呢？所謂平衡就不可能忽視另一方，因此後來有「有不礙空，空不礙有」或「空有不相礙」的論述。

如果以這概念來看比昂的說法，有理論、有欲望和有記憶是人之常情。但何以比昂談論如果要眞正了解個案，分析師必須沒有記憶和沒有欲望？需要這個概念做爲了解的起點，如何讓有欲望和有記憶，以及沒有欲望和沒有記憶，不是要變成我們理解心智世界時，相互妨礙的概念。

簡化的說法是，如果我們有欲望和記憶，就會想將這些欲望和記憶以治療爲名，變成個案的欲望和記憶。並說服自己相信個案有了這些欲望和記憶，就會有所改善原本的問題。相對於佛洛伊德以分析師如同鏡子般的比喻，比昂提出的沒有欲望和沒有記憶時，我們就能在時時刻刻裡

了解眼前的情況，不是讓自己卡在過去裡，卻忽略了此時此地的狀態。

但是並沒有因為存有佛洛伊德的鏡子說，和比昂的沒有記憶、沒有欲望的概念，人世間就不再有紛擾和困難，也不是有「有不礙空，空不礙有」的概念就解決了。不過這個取自佛教經典的語句，是能夠幫助我們在現有的說法上，說明精神分析的核心態度。

如果不是以嚴厲的超我，以過於理想化的想法來解讀比昂的這些概念，因為在這種狀況下，會將有記憶和有欲望變成是錯誤的，反而只是要將有的欲望和記憶踢出實情上存有的狀態。一如不是我們「有詮釋」就是錯誤，必然是有詮釋才是精神分析技術和過程。但是我們又不希望如催眠術般，將詮釋變成一種具體的有建議或有暗示，而是將精神分析的詮釋當做是個案自由想像的一種起點，而不是理解的終點。因此是一種「空」的意味，也就能夠讓個案的不同想像，都可以接在我們的詮釋之後發生，這是精神分析技術背後的「有」或「空」。

接下來，我再另以一個影像，來比喻前述的「空」和「有」。例如，我們看著鳥飛過湖面前後的狀況，一如佛洛伊德在《論無常》（On Transience, 1915）裡，描述對於美麗在瞬間消失的感受，如何只在「有影子在湖面」的實相，來想像和推論分析者的「有反移情」的基礎。

探究反移情的目的，不是要將這個經驗固著在某處，然後認為分析師是有問題的，反移情和移情是有動態的

「相互性」，那是診療室裡雙方潛意識地試圖相互了解的一個過程。面對這種狀況，如果我們從「此時此地」的概念出發，當時間過了，反移情也就如同鳥飛過了湖面，湖面已沒有留下鳥的影子了。

從上述概念和這個影像，我是試圖說明這不是容易達到的境界，雖然比喻和概念上好像說清楚了什麼，但是如何談論曾經在湖面上映照出來的一個影子，已經過去了，卻又如此深印心中？個案的移情和分析師的反移情的動態變化，在湖面的出現和消失的圖像比喻，我們如何想像和處理移情和反移情呢？

飛鳥在湖面出現和消失的比喻，也許反映著如同比昂所說的，有欲望和記憶的人要了解另一個人時，需要沒有記憶和欲望的另一種說法。沒有記憶和欲望的狀態，比較貼近我們感受飛鳥過湖的畫面，強調的「意境」和人的「修為」，不過關於意境，依我對於精神分析的有限了解，並沒有被充份討論的概念，因此很難找到類似的說法來對比和思考。也就是說，如果把意境和修為的日常概念，引進精神分析體系裡後會帶來什麼影響呢？這還要以後在臨床上有更多的描述和想像。

至於這些想法跟比昂的「O」的概念之間，是否有互動的可能？我仍抱持著謹慎的態度，無意以為在我們熟悉的文化脈絡裡，例如有前述的意境或修為的概念就有了連結，因而過快地以為它們之間的類似，就將它們等同起來。這需要在臨床上來來回回的觀察和思索，直到可以成

形和相互連結，不是只在理念上做出類似的推演，一如
Maria Teresa女士提及，佛洛伊德到巴黎受到Charcot的影
響，「Charcot習慣重複再重複地觀察，他所不了解的事
物。隨著時間的累積，加深了他對那些事物的印象。直到
有某種了解突然現身在眼前。（"Charcot used to look again
and again at the things he did not understand, to deepen his
impression of them day by day, till suddenly an understanding
of them dawned upon him".）」

自由飄浮的注意力圖像

　　對於精神分析在台灣的發展和深度，我個人是抱持相
同態度，急切完成什麼目標並不是最重要的，而是如何深
度和廣度地在台灣生根，和我們的文化社會和歷史情境對
話，慢慢相互影響。這裡所指的歷史，當然也包括臺灣精
神分析學會至今，所有會員，不論是否在Study Group，集
體努力的成果。這麼說當然不是表淺的說詞，而是值得在
這些基礎上踏實地往前走。
　　一如Maria Teresa女士文章裡所呈現的，「比昂從佛洛
伊德《對醫師執行精神分析的建議》（Recommendations to
physicians practicing psychoanalysis, 1912）一文得到的啟
發，他擴大發展其中最主要的論點之一，是強調『陰性能

力』（或譯做母性能力）。」（Bion was inspired by Freud's Recommendation paper and he extended and developed it. One of his main points is the emphasis on "negative capability"）畢竟由精神分析史來看，我們談分析態度，目的就不是急於如催眠術的「暗示」（目前是認知的「建議」都是 suggestion），雖然佛洛伊德在《精神分析治療的進程》（Lines of Advance in Psycho- Analytic Therapy, 1919）裡，談論精神分析運用於窮人的心理治療時，提出了「分析的金，直接建議的銅」，我認為這是至今精神分析取向心理治療的理論基礎，不過這是另一個主題了。

最後，我再回到分析態度和治療者的技術上，如果佛洛伊德所提出的自由飄浮的注意力，仍是重要的概念參考，如佛洛伊德曾提過移情如同戰爭般，臨床經驗常顯示的是，由於個案的分裂機制（splitting）的運作，讓我們常不自覺地以為，深入了解某特定問題可能有助於個案，因而我們跟個案工作時，比喻上就像是在平地上挖地，挖成倒三角椎般的深度，話題愈談愈聚焦，愈小範圍，但是愈挖愈深的結果，卻是工作場域愈來愈小，能思索的範圍愈來愈狹窄，愈來愈陷在困境，終至變得絕望不可解。

或者可能變成只能以沈默做為技術上的防衛，為了技術上的沈默而沈默，而忽略了Maria Teresa女士所提及的分析態度才是重點。因此在分析態度下的自由飄浮的注意力，幫助我理解的圖像是，和個案工作時如果以陰性能力的培養為基礎，如同在地面上培植沃土，讓自然存在的種

子都有機會長出芽。讓生命之河的支流，在沙地裡隨著注意力而流出或消失，由於是飄浮式注意力的介入（例如，請個案再多談些已談出的內容，但不是只細究某特定話題，或者是詮釋⋯⋯），開始時就是以拉開擴大廣度面積的方式，隨著個案內在世界的本能灌注（cathexis）能量的多少，有些支流可能很快消失了，有些則流得更遠成為固定活絡的支流。

不是急於深入某一個問題，如倒三角椎式的往下挖。是慢慢地讓個案的問題和症狀，和周遭情境脈絡的內容，隨時產生動力式的相互影響和了解（如Maria Teresa女士所說的，不再只是中立性（neutrality），而是互動性（mutuality））。假設愈有這種和周遭脈絡互動性的相互影響，這條支流可能流得更遠，因而逐漸培養出多樣性，且不是完全可預測的植物景觀。一如對台灣來說，外來的精神分析和台灣的文化歷史脈絡，若有由廣拓逐漸深入的相互影響，精神分析將會更茁壯，更多樣的景觀。

這是我理解Maria Teresa女士這篇文章的某種方式。

結論

我相信我還沒有能力發明新的洞見，只是試著以一些圖像和概念，來拼貼接近理解Maria Teresa女士在文章裡所提到訊息。我的文章無法完整描述她的論點，但是我深表

同意Maria Teresa女士描述，在英文世界裡當年精神分析在英國的交會，而有重大創造力的時代，雖然我相信這個過程裡，美國和法國也都有重要的創造。

如果未來要說華語世界對精神分析的貢獻，我會替臺灣精神分析學會說，未來在佛洛伊德、比昂和其他重要分析師的肩膀上，如果有新可能性，將可能會出現在我們學會裡。希望大家不要覺得這是太誇張的說法，這一切當然得慢慢想，一步一步來，英文說想兩次(second thought)，我們說「三思」。因為我們慢慢來，我們就有更多自由的機會，讓我們隨著和國際精神分析學會合作的進展，變得更有創造力。

這是我看待精神分析價值的所在，如果不是如此，只是讓我們的嚴厲超我，找到平台執行可以預期會重複發生的災難，這就是很可惜了，也破壞了我們多年來，努力和國際精神分析學會連結的心血。如佛洛伊德在《分析的止盡和無止盡》（Analysis Terminable and Interminable, 1937）裡所提及的，讓自我在原我的旁邊。我補充加上，觀照超我的破壞力如何影響我們的創造力？

謝謝各位，也感謝Maria Teresa女士從千里來，帶來了思考的食物。再度表達我們的感謝，感恩她對臺灣精神分析學會在以前和未來的協助。

跋

感謝老師陳喬琪教授的推薦文，如果讀者覺得對我有說得過獎的部分，請諒解與感謝，那是前輩對於後輩的期待和祝福。我和同事好友們能夠一起在「思想起心理治療中心」，從無到有地建構起來，背後最重要助力即是當時擔任松德院區院長的陳教授。也感謝俐伶和欣偉的推薦，我們是一起在臺灣精神分析學會裡打拼，一起推動精神分析的好友。

今年四月出版第一本書《都是潛意識搞的鬼》，九月就要再出第二本書，也許有些快，不過這是我給自己的承諾。這些文章是多年來默默書寫的累積，不論小說、詩和隨筆的背後，都有著自己臨床經驗的基礎，倒不是以精神分析角度來寫小說，而是讓文學和藝術在我的精神分析路上隨行。

說不上完全依著佛洛伊德所說，在精神分析之路「讓自我（ego）跟在原我（id）的旁邊」，我一直讓自己不要只是以精神分析理論來解析文學，而是認為精神分析要試著從文學、藝術裡，再度獲取更多的營養。一如佛洛伊德當年所做的事，我們接下去要做的，並不是只以精神分析的有限術語，來分解或肢解文學和藝術成零散破碎。

　　至少，我這系列要出版的書，包括這本書是希望精神分析應沒有理由，讓藝術家認為如果有需要而接受精神分析或心理治療後，會因此變得創造力減弱或消失了，因而變成無法再創作。雖然對我來說，這種誤解是不可思議，但是如果這種擔心存在，也就另有它的意義，需要精神分析相關者賦與必要的注意力，來了解這是怎麼回事？我期待我的系列書籍可以有這種功能，也許不是一本就可以發揮功能，而是系列的書寫。

　　精神分析理論裡，「昇華」仍是重要的概念，但是顯然地不是知道這概念，就解決了內在世界裡的複雜矛盾。這顯現了理論概念的侷限，但是精神分析是要在這些侷限裡，再細看出其中的點點滴滴，隱身著什麼樣的創造力？

　　雖然一般是以「自由」為名，如果是用「解脫」來理解和精神分析有關的是「free」，包括個案的「free association（自由聯想）」和治療者的「free floating attention（自由飄浮的注意力）」。這兩個術語雖是技術語言，但是以我們的語言來說是一種「境界」，雖然很難從英文找到「境界」這字眼的直接對等思考，從另一角度而言，人是否能夠達到如此理想化的，完全自由或解脫的境界？但是以這做為技術語言的精神分析來說，照理是要能讓人有創造力為方向，或者至少不會破壞人的創造力。

　　這不是只為了我不希望，精神分析少了這些有創造力的創作者們，做為診療室的個案，而是不希望精神分析在這些不必要的誤解上存在。因為精神分析取向的存在，是

因為它對於人的創造力不是破壞者，而是要了解人的破壞力，有些什麼會損耗人自身的創造力？如果精神分析被誤解，而且是來自最需要創造力的文學和藝術的創作者，這不但是精神分析的損失，也是人類文明的損失。

另外，我的書在型式上不是嚴格的學術規格，沒有謹慎地列出參考資料，除了是為了本書閱讀對象的考慮外，也帶著一種希望，期待讀者帶著意識思辯這本書，並不是教科書。我以小說、詩和隨筆來沖淡教科書的做法，希望讀者可以抱持著這本書是很主觀的說法，而且不表示沒列出參考資料，這些就都是我的原創想法，這不是實情，但是我相信，是我以自己的語言風格說出這些重要的經驗。

精神分析說人話

作　　　者｜蔡榮裕
執 行 編 輯｜游雅玲
校　　　稿｜葉翠香

版 面 設 計｜荷米斯設計
印　　　刷｜侑旅印刷事業股份有限公司

出　　　版｜Utopie 無境文化事業股份有限公司
地　　　址｜802高雄市苓雅區中正一路120號7樓之1
電　　　話｜07-3987336
E-mail　　｜edition.utopie@gmail.com

◆ 精神分析系列　總策劃｜楊明敏
【思想起】潛意識叢書 策劃｜蔡榮裕

總 經 銷｜臺灣商務印書館
地　　　址｜23150新北市新店區復興路43號8樓
客服電話｜0800-056-196
客服信箱｜ecptw@cptw.com.tw

初　　　版｜2016年9月
I S B N　｜978-986-92972-1-9
定　　　價｜380元

國家圖書館出版品預行編目（CIP）資料

精神分析說人話/蔡榮裕作；--初版--高雄市：無境文化,2016.09 面；公分(思考起潛意識叢書；2)
I S B N 978-986-92972-1-9(平裝) 1.精神分析 2.心理治療　175.7　105015078